企业内部知识转移
理论与实践探究

李运河　著

中国农业出版社
农村读物出版社
北　京

| 前　言 |

　　知识经济时代的到来，知识管理的兴起，使知识被看作是组织竞争优势的来源，引起业界和学者对知识管理的关注。知识不仅存在于组织内部，同样也可以从外部获取，而知识管理的目的最终是实现知识重用，实现知识创新，为企业带来更多价值，提升其竞争力。

　　知识是影响企业核心竞争优势的最主要因素，因此，知识是否实现向外转移直接决定着企业在相关环节是否具备竞争优势，从而影响企业边界的决定。一些企业知识理论学者基于知识的隐性特性认为当上下游的生产活动涉及知识的转移时，由于知识转移成本高昂，企业一般会选择纵向一体化生产，否则企业会选择从外部采购相关零部件。然而，知识是从完全显性到完全隐性的连续分布，显性程度高的知识相对容易实现向外转移。因此，应综合考虑知识的不同属性对知识转移的影响。同时，知识能否实现向外转移还受到知识源特性、接收方特性以及当时情景等其他因素的影响。然而，即使知识显性程度相对较高以及其他因素充分发挥作用，也只为知识的向外转移提供了可能，使它可能以更低的成本实现转移，知识向外转移的实现还必须依赖各种知识转移机制。

　　本书主要分析了知识转移机制对知识向外转移的影响，以及对企业内部、跨项目知识转移及跨国企业知识转移的变化研究。在对影响知识转移的各种因素及知识转移方式、方法进行评述、分析的基础上，提出在区域范围内影响知识转移机制的主要类别。通过借鉴现有的研究成果以及自身的分析，分别对知识向外转移以及各类企业知识变化的影响进行了分析。在此基础上，本书进一步分析了各种机制的综合性作用。认为这些机制间的相互作用大幅度提高了它们对知识转移及边界变化的影响。

本书的研究有助于加深对企业在时间纵向维度上变化的理解，并在阐述知识属性及其他影响因素与知识转移的关系时拓展了知识转移对企业变化的影响研究。通过应用相关数据进行实证分析，弥补了相关分析缺乏实证支持的缺憾。本研究也存在一些不足，必须在将来进一步加以研究，如必须综合考虑生产成本与交易成本对企业变化的影响，单纯从某一个角度进行分析可能存在偏颇；对于实证研究中应用的替代变量应进一步考虑，以选取更加合理的指标；应利用大样本量的企业层面的数据进行综合分析以及行业比较等。在本书撰写过程中，作者查阅了大量的资料，并就一些有争议的问题请教了相关专家，得到了相关帮助。但是，由于本人能力有限，本书可能还存在很多不足之处，还望广大读者批评指正。最后，笔者对给予本书的写作以巨大帮助的朋友致以最诚挚的感谢。

著　者

2022 年 7 月

| 目　录 |

第一章

企业内部知识转移概述

知识转移的思想是美国技术与创新管理学家 Teece 于 1977 年首次提出的，他认为企业通过技术的国际转移能积累起大量跨国界应用的知识[①]。在此后的研究中，知识转移常常与知识扩散、知识共享、知识传播、组织学习等概念相关。

第一节　企业知识转移的背景

一、知识经济时代

1996 年 OECD 在其报告《知识经济》中首次提出了知识经济的概念，指出知识经济是对知识和技术在现代经济中的地位的充分认知。这份报告从知识经济的趋势和内容、科学体系在知识经济中的角色、知识经济的评价指标等宏观视野分析了知识经济时代的特征、趋势及评价。其中提到知识和技术的扩散必须要更好地理解社会的知识网络和国家创新体系。

1996 年 OECD 的报告《知识经济》在我国翻译出版，1997 年中国科学院《迎接知识经济，建设国家创新系统》报告发表，1998 年江泽民主席在北京大学百年校庆的重要讲话中提出"知识经济已见端倪"。这 3 件大事，被认为是中国知识经济的开端。尤其是 1998 年初，江泽民主席在北大百年校庆讲话中提出，"当今世界，科学技术突飞猛进，知识经济已见端倪。全党和全社会都要高度重视知识创新、人才开发对经济发展和社会进步的重大作用"。因此1998 年被中国学术界称为"知识经济年"。

在知识经济时代，知识成为重要的战略资源，成为经济"新增长理论"的

---

① Teece D J. Technology transfer by multinational firms: the resource costs of transferring technological know-how [J]. Economic Journal of Business Research, 1977 (87): 242 - 261.

动力和源泉。通过"知识经济"这个概念的来源也可以认识到知识和技术在现代经济中的作用。知识的编码和扩散导致"信息社会"的形成，而知识型员工需要掌握大量技能来应对"学习型经济"，知识和技术的扩散则要求更好地理解知识网络和"国家创新体系"。知识经济时代的主要特征是：科学技术的研究与开发日益成为知识经济的基础（高新技术产业是知识经济的基础产业）；信息和通信技术在知识的发展过程中处于中心地位；人力的素质和技能成为实现知识经济的先决条件；服务业在知识经济中扮演主要角色。

对企业而言，尤其是对知识密集型企业来说，知识取代资金、土地等成为企业最重要的战略资源和资本。但知识资源只有流动起来才能带来价值，并成为知识经济中的重要资本，因而知识的扩散、流动、共享、转移是知识经济的特征。当今国际社会知识产权制度呈现出保护范围不断扩大、保护力度不断增强的发展态势。

二、知识管理的兴起

在知识化环境升温，知识经济逐渐形成的背景下，知识管理的理念也开始出现。1993 年彼得·德鲁克在《后资本主义社会》中提出了"知识生产力"的概念。1995 年日本的两位学者野中郁次郎和竹内广孝出版了《创造知识的公司：日本企业如何建设创新动力学》，该书被认为是知识管理理论正式产生的标志。这两位学者在该书中以日本著名企业的许多案例论述了知识创造的过程，并形成了社会化（Socialization）、外在化（Externaliza-tion）、组合化（Combination）、内隐化（Internalization），即 SECI 模型和知识螺旋等理论。野中郁次郎的理论注重知识创新，代表了日本式的知识管理思想。

1999 年美国学者达文波特出版了《营运知识》，该书提出了知识市场理论及在知识市场中的知识交换，强调知识的重复利用，也代表了西方的知识管理思想。

这两本书出版之后，知识管理方面的书籍和论文都大幅增长，知识管理作为一种新的管理学理论逐渐走向成熟，甚至成为单独的学科。国内外许多高校开设了知识管理课程，也建立了知识管理学位点，这标志着知识管理已经成为一个非常重要的学科领域。

在知识管理研究中，知识转移、知识资本一直是其最重要的研究分支。为了从研究的数量上更直观地看到这两个领域的发展，本书在中外文数据库中检索了相关领域的论文并将其数量绘制在图中，反映出这两个研究领域近年来的文献变化趋势。

图1-1展示了国内知识管理领域学术文献近年来的数量变化。数据来源为 CNKI 的期刊、会议、博士与硕士论文库，检索时间为 2015 年 8 月 10 日，检索入口分别为主题＝知识管理，主题＝知识转移，主题＝知识资本/智力资本。可以看到，2001 年后我国的知识管理研究进入了快速发展的时期，论文数量在 2008 年达到最高峰；知识资本方面的研究一直较多，知识管理出现早期，学者们对知识的经济和资本特征方面的研究较多，论文的总数较多，知识资本方面的研究在 2007 年的论文数量达到峰值；知识转移方面的研究一直呈现迅速增长趋势，在 2012 年论文数量达到峰值。

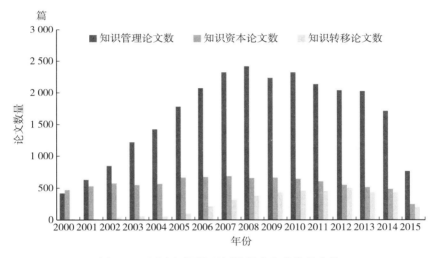

图1-1　国内知识管理领域学术文献数量变化

同时，对 Web of Science 中的核心集合论文进行检索和统计（检索时间为 2015 年 8 月 10 日，检索入口分别为主题＝knowledge manage-ment，主题＝intellectual capital or knowledge capital，主题＝knowledge trans-fer），统计结果如图1-2所示。从图中可看出，国外知识管理领域的论文数量在 1996—2014 年一直在增长，2015 年的数据不全可不计入。而知识资本、知识转移方面的论文数量也是一直呈上涨的趋势，而且知识转移方面的论文数量多于知识资本方面的论文数量。

从国内外知识管理、知识资本、知识转移方面的论文数量的比较来看，国内知识管理已经经历了一个研究高潮，而国外对该领域的研究保持持续的热度，且国外对知识转移的关注度要高于国内。

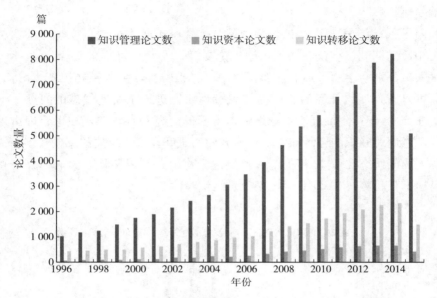

图 1-2　国外知识管理领域学术文献数量变化

三、开放式创新理念的盛行

开放式创新这个词最早是由加利福尼亚大学伯克利分校的教授亨利·伽斯柏（Henry Chesbrough）在其著作《开放式创新：新的科技创造盈利方向》一书中提到①。这个概念涉及用户创新，积累创新，诀窍交易，大规模创新和创新传播。开放式创新模式意味着有价值的创意可以从公司的外部和内部同时获得，其商业化路径可以从公司内部进行，也可以从公司外部进行。开放式创新模式是指企业在技术创新过程中，同时利用内部和外部相互补充的创新资源实现创新。开放的本质是外部创新资源的获取和利用，强调企业内外创新。开放式创新的理念让企业开始关注从外部获取相应的信息和知识，而不仅限于管理企业内部的知识，从外部获取知识加速了企业的创新进程。而中国企业尤为关注从外部获取知识，这也推动企业通过与其他企业建立战略联盟、合资等方式获取外部知识，或者直接通过并购实现开放式创新。

---

① Chesbrough H. Open innovation，the new imperative for creating and profiting from technology [M]. Boston，MA：Harvard business school press，2003.

第二节　企业知识转移的概念与途径

一、企业知识转移概念

知识转移指的是一方（个人或组织）从另一方（个人或组织）获取知识的过程[①]，或不同的实体之间信息和技能进行系统交流的过程，这种过程由知识的接受方接受、吸收和进一步提升所构成，是企业知识管理体系的重要组成部分[②]。一般而言，知识转移的研究分为两个层次：企业内不同业务单元之间的知识转移[③]，以及独立的企业间的知识转移[④]。

Szulanski（1996）等研究认为：知识转移是组织内或组织间跨边界的知识共享，即在一定的情境中，知识从源单元到接受单元的传播或转移过程，并且强调，此处用传播或转移而不是扩散这个词，是强调知识转移不仅是知识的扩散，而且是跨组织或个体边界的有目的、有计划的共享[⑤]。

左美云（2006）在《知识转移与企业信息化》一书中指出：知识转移是指知识势能高的主体向知识势能低的主体转移知识的过程，这个过程伴随着知识使用价值相对应的回报。决定知识势能的要素有 3 个：知识的数量、知识的质量及知识的结构。

Hendriks（1999）将知识转移的过程归纳为知识拥有者的知识外化和知识接受者的知识内化两个方面[⑥]。在外化时，知识传播者可以直接讲述、书写，也可以将显性知识编码后以信息形式存放于物质介质中。但是对于隐性知识的转移，演示方式才是最好的选择，因为隐性知识本身就是一种难以编码化的知识，只有采用高度情境化的方式，才能避免编码化对知识造成的损耗和歪曲。

---

① Cutler R S. A comparison of Japanese and US high technology transfer practices [J]. IEEE Transactions on Engineering Management，1989，36（1）：17 - 24.

② Davenport T H，Laurence Prusak. Working knowledge：how organizations manage what they know [M]. Boston，MA：Harvard Business School Press，1998.

③ Hansen M T，Mors M L，et al. Knowledge sharing in organizations：multiple networks，multiple phases [J]. Academy of Management Journal，2005，48：776 - 793.

④ Bresman H，Birkinshaw J，Nobel R. Knowledge transfer in international acquisitions [J]. Journal of International Business Studies，1999，30（3）：439 - 462.

⑤ Szulanski C. Exploring interal stickiness：impediments to the transfer of best practice within the firm [J]. Strategic Management Journal，1996，17（Special issue）：27 - 43.

⑥ Hendriks P. Why share knowledge? The influence of ICT on the motivation for knowledge sharing [J]. Knowledge and Process Management Science，1999（2）：91 - 100.

在内化时，知识接受者可以通过读、听、看去理解和重构知识，其中"干中学"是隐性知识吸收最主要的方式。

Davenport（1998）认为知识转移有以下 3 个主要步骤：知识的传递、知识的吸收、知识的利用①。知识转移的最终目的是让接受者能有效地吸收与利用。

Garavelli（2002）认为编码和诠释组成了整个知识转移：编码是知识转移的上传流（Upstream），诠释是知识转移的下载流（Downstream）。通过编码的过程形成一个知识对象，然后应用认知的方法将这个知识对象解释给用户②。

Easterby-Smith 等（2008）对知识转移的定义为：组织从其他组织的经验中进行学习。

谭大鹏等（2005）提出：知识转移是在受控环境中实现知识源到知识受体的匹配、传输、整合和转化过程。③

综上所述，知识转移应该具备以下特点：①知识转移是从知识源到知识受体的传播或转移过程；②知识转移活动是在特定情境或环境下发生的；③知识转移会通过一定的媒介来实现；④知识转移有特定的目的，但最终的目的是使知识源的知识成为知识受体的知识。

二、企业知识转移的途径

Appleyard（1996）对美国和日本的半导体和钢铁工业做过调查，从知识的可获得性和使用方式角度将知识转移方式分为公共知识的转移方式和私人知识的转移方式，其中公共知识的转移方式是指使用受限制的专利技术转移及使用不受限制的阅读内部简报、公开出版物、参加公司会议等形式；可获得私人知识的转移方式是指使用受限制的部门访问、参与研发及使用不受限制的电子信息沟通和面谈等方式④。

Almedia（1998）从知识内隐性出发将企业知识转移方式归纳为编码传播

① Davenport T H，Laurence Prusak. Working knowledge：how organizations manage what they know ［M］. Boston，MA：Harvard Business School Press，199.

② Garavelli A C，Corgoglione M，Scozzi B. Managing knowledge transfer by knowledge technologies ［J］. Technovation，2002，22（5）：269 - 279.

③ 谭大鹏，霍国庆，王能元. 知识转移及其相关概念辨析 ［J］. 图书情报工作，2005，49（2）.

④ Appleyard M. How does knowledge flow? Interfirm patterns in the semi-conductor industry ［J］. Strategic Management Journal，1996，17：137 - 154.

（语言、文字、图像等）和人际沟通（交流、培训、共同工作等）①。编码化方式主要指表现为显性知识的相关文件、资料或者存储设备的移动。人际沟通主要是实现难以编码化的，而且只局限于特定范围内的知识的传播。知识转移的沟通是比较正式的双向沟通方式，在沟通中除了具有更清楚、更明确的目标之外，还有探讨、疑问的性质，沟通内容兼有工作和社会的内容。具体的编码化知识转移方式和人际沟通知识转移方式如表1-1和表1-2所示。

表1-1 编码化知识转移方式

电子数据交换（EDI）	高度编码化、标准化、模糊性很低的知识，广泛或有限范围的传播都适用
电子邮件	个人化的信息传播，结构化或非结构化知识传播都适用
组件	高度隐性、复杂和专业化的知识
传真	少量的文字或图片信息的传递
文字报告和手册	观察，借此建立人际管理和交流模式
规则、程序和指南	通过授权管理获得企业的管理规则、程序等方面的知识

表1-2 人际沟通知识转移方式

专家转移	内隐的、复杂的知识转移，但需要较长时间的岗位培训
岗位培训	强调知识复制，可以散发到多个地点
内部咨询师	高度隐性、复杂和专业化的知识
实地访问	观察，借此建立人际管理和交流模式
实地会议	面对面交流，富媒体的知识转移形式
电话	适用于复杂的、有部分隐性的知识
知识转移团队	实践社区，有共同兴趣的人定期进行知识的分享
视频会议	借助视频来丰富人际交流方式，联合解决问题的过程
培训会和问题解决会	适用于复杂显性知识的转移
组件	高度隐性、复杂和专业化的知识

Cummings（2003）采用知识转移11种具体方式，如文件传递、技术交流会、有目的实地访问、技术培训等发生的频率作为知识转移机制的测度变量。

Buckly（1999）从知识转移的实现形式出发，认为知识转移主要有个人通

---

① Almedia P，Grant M R. International corporations and cross-border knowledge transfer in the semi-conductor industry ［R］. A Report to the Carmegie，1998.

信、编码化的沟通（Codified Communication）、嵌入式转移 3 种策略对应的转移形式①（表 1-3）。

表 1-3　知识转移策略与转移形式

策略	个人通信	成文式沟通	嵌入式转移
形式	电子邮件、电话、视频会议、面对面会议、培训、沙龙等	电子数据交换、传真、书面报告、手册等	规则、程序、指示、产品、装备

对知识转移方式的研究，一种是将其作为知识转移的一个影响因素来对待，也有学者将知识转移方式作为转移情境的一个影响因素；另一种是把转移方式看作是其他影响因素与知识转移效果之间起中介和连接作用的因素②。

综上所述，知识转移的影响因素可从知识转移主体要素的 4 个方面（知识源、知识接受方、转移情境和转移方式）展开。但在实际研究中，不同的作者选取了不同的要素，或者将不同的要素归入不同的类别，因而使知识转移影响因素分析比较杂乱，也没有特别权威的研究可以占领主导地位。

第三节　企业知识管理的内容与机制

一、企业知识管理的内容

自 20 世纪 80 年代以来，管理学领域的新理论不断涌现。归纳起来，有两个引人注目的方向：其一是用系统和战略的眼光看待管理理论，比如，和谐管理理论、复杂适应性系统（CAS）、组织流程再造（BPR）等；其二是从信息和知识的角度来切入管理，如企业资源计划系统（ERP）、学习型组织、知识管理等。

企业知识管理作为一个独特的视角，对企业职能管理和流程管理的各个方面都产生了影响，这些交叉领域汇总为企业知识管理的内容。本节给出了企业知识管理的"灯笼"模型，列出了企业知识管理的十大内容，即：知识创新管理，知识转移管理，知识应用管理，学习型组织，知识资产管理，知识管理的

---

①　Buckly P，Carter M. Managing cross-border complementary knowledge [J]. International Studies of Man-agement and Organization，1999，29（1）.

②　关涛. 跨国公司内部知识转移过程与影响因素的实证研究 [M]. 上海：复旦大学出版社，2006.

激励系统，知识管理的技术与工具，知识产品的定价与版本，知识员工的管理，学习与创新训练。最后本书把企业知识流的管理概括为"知识流小车"模型。

（一）企业知识管理的"灯笼"模型

知识管理作为知识经济时代出现的新兴管理思想，并不是孤立于企业经营管理体系之外的。它本身就是从其他管理领域中提取有关"知识"的管理理念，经过抽象和综合分析，才逐渐形成的一种战略思想，从它诞生的那一天起，就与战略管理、人力资源、财务、行政、市场、研究与开发等管理领域，具有千丝万缕的联系。可以说，"知识管理"这一棵管理学科中的幼苗，是在众多原有管理范畴的共同滋养下才逐渐成长、发展成一个宏伟而完整的思想体系的。在知识管理已经走向独立、知识管理的理论体系已经初步成型的今天，我们有必要重新考察一下最初孕育了它的那些管理领域，看这些领域中到底发生了哪些令人惊奇的变化，同时也从企业管理整体的高度来重新审视一下知识管理。

在考察知识管理思想与其他管理范畴之前，应该首先承认知识管理不仅是企业的一项职能，还是一种经营思想。笔者认为知识管理应该以知识管理的战略为首，通过战略管理推动企业管理的各个层面的升级和改造。图1-3是本书提出的企业知识管理体系"灯笼"模型①。

在图1-3中，整个知识管理思想体系被描述为一个"灯笼"的形状。最上边的灯笼柄，是知识管理战略，它也是知识管理思想在战略管理领域的直接体现，它对企业整个知识管理思想体系起提纲挈领的作用，其他的知识管理活动和制度都在知识管理战略这个总纲领下逐步展开。灯笼的底部，是信息技术，以及在信息技术的基础上建立的知识门户和知识管理系统。这一方面是知识管理思想在信息管理领域的开拓，另一方面也是其他知识管理活动得以开展的基础。可以说，有知识管理系统的知识管理不一定是好的知识管理，但没有知识管理系统的知识管理一定不是最好的知识管理。知识管理战略和知识门户或知识管理系统围成了一个灯笼的形状，其他知识管理思想和活动都在这个"灯笼"的范围内展开。

"灯笼"模型的核心分为两部分，在左边列了三个内容，是企业管理的基本职能管理：行政管理、财务管理、人力资源管理。在右边按照企业的价值链

---

① 左美云. 企业知识管理的内容框架研究［J］. 中国人民大学学报，2003，5.

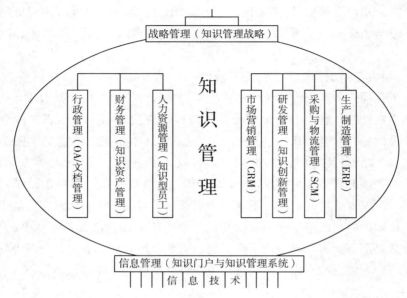

图 1-3 企业知识管理体系的"灯笼"模型

设计了四个内容：市场营销管理、研究与开发管理（研发管理）、采购与物流管理、生产制造管理。在这些内容里面，有的学者是从广义的角度来研究，有的是从狭义的角度来研究。广义的知识管理认为知识管理对整个管理学都产生影响，而本书是把对现代管理学发生作用的每一部分抽取出来，看看知识管理与职能管理或者流程管理有哪些交叉。

下面依次对"灯笼"模型的核心部分予以解释。第一个内容是从行政管理的角度来讲，文档资料的分类和保存等办公自动化（Office Automation，OA）内容，就属于知识管理。第二个内容是知识管理与财务管理的结合，比如知识资产的管理，属于知识管理。第三个内容是人力资源管理，其中对知识型员工的管理属于知识管理的范畴。概括来说，在行政管理、财务管理和人力资源管理这三个重要的职能领域，知识管理分别体现为办公自动化/文档管理系统，知识资产管理，知识型员工的招聘、激励和职业生涯设计等内容。

从流程上来看，首先是市场营销管理，其中很重要的就是客户关系管理（Customer Relationship Management，CRM）。在 CRM 中单点接入（或单点接触）是一个很重要的概念，也就是客户知识整合后，客户无论采取何种沟通方式（如电话、传真、电子邮件等），与何人沟通，都能根据唯一的客户知识库得到一致的服务。流程的第二个内容是研究与开发管理，研究与开发管理中对知识创新的管理显然属于知识管理的范畴。第三个内容就是采购与物流管理，与知识管理密切相关的主要是供应链管理（Supply Chain Management，SCM）。供应链管理为什么实施起来很难？就是因为数据的标准很难统一。如果一个企业内或企业间没有统一的数据标准，那么这个接口做起来就很难。这里的接口和标准，就是知识管理要考虑的问题。除此之外，供应链企业之间的知识转移、采购文档与模板的开发也都是知识管理的重要内容。流程管理的第四个内容是生产制造管理，主要指企业资源计划系统（Enterprise Resource Plan-ning，ERP）。虽然 ERP 具有现代管理思想，但它同时也是一个大型的运算器。这个大型运算器里有很多算法、很多流程，这些算法和流程就是已经规范化的企业最佳实践，是知识管理需要重点研究的内容。

居于企业知识管理"灯笼"模型中心的，是知识管理本身。它就像一根蜡烛，照亮了整个知识管理思想体系，也照亮了企业管理这个更大的空间。"知识管理灯笼"的含义，不仅仅在于说明知识管理的思想在企业经营管理的各个领域中都有所体现，也说明进行知识管理研究不能将眼光仅仅局限于"知识管理"本身，还应该时刻关注知识管理以外的其他经营管理领域，时刻注意这些孕育了知识管理的领域中的新动向，同时注意将知识管理的理论运用于其他领域，这样才能够避免走入"为了管理知识而进行知识管理"的误区，才能够保证知识管理研究广泛、深入地进行下去。

（二）企业知识管理的十大内容

知识管理研究的基本框架中，应包括以下几个要素，也就是所谓"5w1h"，它们分别指知识管理研究的原因（why）、主体（who）、客体（或称对象，what）、地点（where）、时间（when）以及实务（how）。要进行知识管理的研究，也可以依"5w1h"的框架进行。

首先是实施知识管理的原因（why）。信息经济时代的一大问题是信息过载，而知识经济时代最大的问题却是知识匮乏。组织中的大量知识以个体知识或知识孤岛的形式存在，资源浪费严重；同时，组织规模越大，控制和整合知识资源的难度也就越大。因此，进行知识管理的研究，在知识经济的时代大背景下是势在必行的。

实施知识管理的主体（who）是知识型员工。他们是追求自主性、个性化、多样化以及有着创新精神的员工群体，因而需要有针对性的人力资源管理方法。

在知识管理理论形成的初期，其管理对象（what）只包括知识本身的共享和转移这些狭小的范围。随着人们对于知识生命周期的研究，知识管理理论取得了新的突破，其研究范围也逐渐扩大到包括信息、知识、知识资产等的创造、维护、发现、获取、过滤、转化和利用全过程。

知识管理既包括企业内部知识资源的整合与开发，也包括外部知识的获取与挖掘，这里涉及知识管理的地点要素（where）。要根据知识源的不同采取不同的管理手段。

知识本身是有一定时效性（when）的，因此，知识管理工作也带有时效性，要在恰当的时间将知识资源及时发掘出来，并进行知识资产的管理，否则会造成知识资源的流失。

至于知识管理实务（how），即是前述企业知识管理的解决方案，既有知识管理的制度体系，也有信息技术为平台的知识共享工具等内容。

通过以上的研究，本书将企业知识管理概括为如下 10 方面的内容：①知识创新管理；②知识转移管理；③知识应用管理；④学习型组织；⑤知识资产管理；⑥知识管理的激励系统；⑦知识管理的技术与工具；⑧知识产品的定价与版本；⑨知识型员工的管理；⑩学习与创新训练。如图 1-4 所示。

企业知识管理的十大内容

①知识创新管理	②知识转移管理	③知识应用管理	④学习型组织	⑤知识资产管理	⑥知识管理的激励系统	⑦知识管理的技术与工具	⑧知识产品的定价与版本	⑨知识型员工的管理	⑩学习与创新训练

图 1-4 企业知识管理的 10 方面内容

企业知识管理水平，可以用知识创新率（力）、知识转移率（力）、知识应用率（力）三维坐标来衡量；其中每个坐标又可以分为若干个小指标。显然，上述 10 个内容中的前三个主题是企业知识管理水平的表现。

第一个主题是知识创新管理，包括知识创新的模式、条件、环境等内容，其中很重要的一点是显隐性知识转换引致的创新研究。

第二个主题是知识转移的管理，研究如何通过知识转移缩小知识差距。笔者认为"知识转移"比"知识共享"这个词更富有经济管理含义。知识共享很容易给人们一种免费的感觉，而转移则有一种知识的让渡在里面，知识的让渡意味着价值的让渡，也就意味着让渡方应该得到受让方的回报。当然，回报的方式是多种多样的，既可以是经济回报，也可以是一些别人所需的知识换另外一些自己所需的知识——又叫作知识易货贸易机制。

第三个主题是知识应用的管理，主要包括企业如何采取一整套的知识管理方案去实施知识管理项目，如何实现企业的变革管理，等等。知识的应用是提高企业生产率和竞争力的最终手段。

第四、五、六个主题，都是从组织行为的角度去讨论知识管理在企业的应用。第四个主题是学习型组织，是从企业文化的角度，讨论企业如何通过五项修炼来使企业保持一种不断学习的状态。当然，学习不是目的，创新才是目的。第五个主题是知识资产管理，即怎么从财务的角度，管理客户关系资产、人力资本资产、结构资产、知识产权资产，以及上述资产之间如何协调发展。第六个主题是从人力资源的角度，考虑怎么设计一套绩效考评体系和激励制度来构建知识管理的激励系统。比如，如果是以每个项目年终的业绩来考核，那么各个不同的项目之间拥有的知识就不愿意互相分享。如果分享了，就有可能造成别的团队比自己的团队业绩好。所以在考核体系中也应该有考核一个团队和其他团队分享知识多少的指标。

第七个主题是从信息技术的角度，探讨知识管理的支持软件或工具，比如知识地图或知识导航系统就是很好的工具。知识地图是一种帮助用户知道在什么地方能够找到知识的知识管理工具。企业知识地图将企业各种资源的入口集合起来，以统一的方式将企业的知识资源介绍给用户。知识地图采用一种智能化的向导代理，通过分析用户的行为模式，智能化地引导检索者找到目标信息。还可以做许多知识管理系统方面的开发，比如项目经验分享系统的开发等。

第八、九、十个主题，分别从单项管理的角度讨论知识管理在企业中的应用。第八个主题是关于知识产品的问题，主要考虑知识产品的定价和版本问题。卡尔·夏皮罗①等在《信息规则》一书里面，对信息产品的定价和版本有许多讨论，对知识产品的定价与管理有很大的启示。第九个主题是知识型员工的管理。因为企业的知识管理最终要落实到个人身上。这个主题包括知识型员工的职业生涯规划与企业的战略规划如何配合、知识型员工的个人知识如何成

---

① 卡尔·夏皮罗.信息规则［M］.北京：中国人民大学出版社.2000.

为企业记忆、知识型员工如何招聘与培养等。

最后一个主题也和个人有关，既包括学习与创新的技巧和规范训练，也包括比如 E-learning（电子学习）平台的学习，以及课件和教学资源的开发等内容。随着我国政府号召创建创新型国家，这个主题会更加得到广泛的关注。

（三）企业知识流的管理："知识流小车"模型

所谓知识流的管理，是指为保证知识在企业中从获取、产生、转移、创新、利用到知识挖掘和衰亡的整个知识生命流程畅通无阻而采取的保障措施。企业中的知识流程可以用"知识流小车"（图 1-5）形象地概括。

知识在组织中经历了发生、发展、消减和消亡的整个过程。企业组织内部的知识来源有两个：一个是企业外部知识源，具体来说包括供应商、客户、竞争对手（包括潜在的进入者）、互补商，以及私立知识机构（如各种培训机构）、公共知识机构（如公共图书馆）；另一个是企业内部知识源，除了已经表述成文的知识外，还包括尚未挖掘、整理的企业内部公共知识、企业员工的隐性知识等。企业通过各种知识获取渠道从企业外部搜集知识，这是外部知识内部化的过程；企业从内部挖掘知识，是个人知识企业化的过程。与此同时，企业通过大众媒介、财务报表、股东大会等传播渠道，不断向外界发布各种有关企业的知识。在企业内部，员工通过将企业公共知识库（组织记忆）中的显性知识隐性化，学习企业文化和技能。

员工个人知识在企业内的扩散和壮大有三种途径：知识创新、知识转移和知识应用。这也是知识生命周期中最关键的步骤，正是通过知识创新、转移和应用，知识才成为与组织绩效密切相关的因素，组织记忆也不断得以更新和发展。超过一定时限的知识，可以作为历史数据进行知识挖掘，也可以通过知识备份手段保存起来。这样，知识在组织内就基本走过了它的整个生命历程。

如图 1-5 所示，图中的实线是知识实体的转移过程，虚线是知识价值的转移（回报）过程，一对实线和虚线合起来表示一个知识交易的过程。在"知识流小车"的最上部，企业从供应商、客户、竞争对手（包括潜在竞争对手在内）、互补商那里获取有关竞争战略等的企业外部知识；从私立知识机构（培训机构、信息中介、咨询公司等）和公共知识机构（国家统计局、政府官方网站、公共服务性机构、行业协会、民间组织等）那里获取有关社会、市场、行业和其他方面的知识，这些企业外部知识通过企业内的各种知识获取途径内部化为企业内部知识，以公共知识库或"企业记忆"的形式存在。同时，企业也可以通过其内部和外部的知识发布渠道，将有关本企业的知识发布出去，成为企业外部知识。这样，就在企业和企业外部实体之间，形成一个知识流环。

在"知识流小车"的中间，企业员工可以借助企业内部的组织学习或激励机制，将组织记忆中的一部分显性知识内化为个人的隐性知识；也可以由企业将员工们的个人知识转化为企业的公共知识，并最终融入组织记忆之中。这样通过显隐性知识的转化，在员工个人知识和企业的公共知识库（组织记忆）之间，就形成了第二个知识流环。

在"知识流小车"的底部，是三个"轮子"，分别是：知识创新、知识转移和知识应用。它们对于整个企业知识流的系统而言至关重要，正是这三个轮子持续不停地运转，才保证了企业知识流系统正常的新陈代谢，推动了整个企业知识的流动。

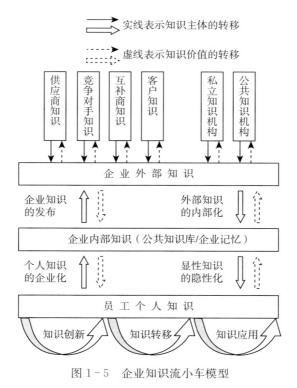

图1-5 企业知识流小车模型

由"企业知识流小车"模型可以看出，企业知识流的管理有以下两个要点：一是保证知识创新、知识转移和知识应用的顺利进行；二是外部知识内部化和内部知识的显隐性转化。前者是"车轮"，后者是"车身"。没有车轮只有车身，是一辆开不动的死车；没有车身只有车轮，是一辆没有用的废车。

为保证知识在企业中的顺利流动，企业应该建立知识管理的激励系统，具体包括如下三大机制。

首先是知识运行机制，它相当于企业知识流的"源头"和"岸堤"，保证了基本的知识流不会断流和流失。具体而言，知识运行机制应该包括微弱市场信号收集机制、企业知识与标准化制度、师徒制或多人同行机制、退休员工工作回忆录机制、企业文档积累与更新制度、外部知识内化机制、知识轻松交流机制，等等。

其次是知识明晰机制和知识绩效机制，它们防止了知识流的泛滥，保证了知识流的"水质"。其中知识明晰机制包括阶段性企业知识管理目标发布制度、员工知识成果（包括创新成果、转移成果和应用成果）电报制度；知识绩效机制包括员工知识成果的稽核制度、专家和计算机联合评价系统等。

最后是知识奖惩机制，它相当于企业知识流的动力来源，保证知识流在流动中不断更新，而不会成为一潭死水。具体而言，包括知识薪酬和股权/期权支付制度、知识晋升制度、知识署名制度、知识培训制度、知识绩点"自助餐"奖励机制、新员工特区机制、知识老化性员工的淘汰制度等。下面一节将详细讨论企业知识管理的激励机制。

二、企业知识管理的机制

知识资产将是新经济时代企业最重要的一项战略资产。知识经济时代，企业的竞争将是基于核心能力的竞争，这个时代的赢利法则比传统的 TQCS（Time＋Quality＋Cost＋Service，即时间、品质、成本、服务）法则多了一个最重要的 I/K（Information/Knowledge，即信息/知识）因素。衡量企业财富的标准之一将是企业产品中独占性知识优势和信息优势，只有具备这些因素才能不断推动企业提高生产率，保持、提升并创造核心竞争优势。

知识本身的外部性导致知识可以低成本共享，并且共享程度越高，越能更多地展现知识的网络效应；而知识创新具有高成本性、高风险性以及收益和分配的不确定性。另外，随着知识更新周期的加快，知识创新过程的长期性和知识使用寿命短期性构成另一对矛盾。因而知识拥有者为了规避风险、回收投资，自然就会对拥有的知识有意"垄断"，而这与知识只有通过大范围的共享和转移才能充分发挥其效益形成冲突，知识工作者对知识的垄断性和知识本身要求的共享性构成一对矛盾。这些矛盾要求知识管理者解决如何使个人知识公共化和企业化，以及如何使企业知识社会化和全球化的问题。

一般来讲，员工基于上述理由会将自己独有的知识作为向上级讨价还价的本钱，而作为组织的目标，组织则希望员工心甘情愿地将自己的知识发布出来，供大家共享，从而实现知识的效益，并最终提高企业的竞争力。为了解决上述矛盾，就必须设计一套好的知识管理激励系统，使员工乐于创新知识、转移知识和应用知识。

激励一直以来是人力资源管理中的重要内容，在以人为本的知识经济时代，激励问题尤为值得企业知识管理者的关注。激励，顾名思义，它是"激"和"励"的组合，可以定义为：通过调整外因来调动内因从而使得被激励者向着激励预期的方向发展。

从这个定义可以看出，"激"即诱发动机，"励"即强化行为，所以激励实质上是一个外部引导行为来激发内部动机的过程。可以概括为下面这个公式：激发动机（内部）＋引导行为（外部）＝激励。

目前，激励理论的研究一般沿着两条主线展开，一条主线是沿激励的作用机理展开，又可分为内容型激励理论、过程型激励理论和行为改造型理论，另一条主线是沿激励的主客体即博弈的双方展开，即新制度经济学意义上激励机制研究，比较具体的有委托人—代理人理论。

下面，本书将结合一般的激励理论和知识管理的具体实践，设计知识管理的激励系统。一个完整的知识管理激励系统应由知识运行机制、知识明晰机制、知识绩效机制和知识奖惩机制四大机制组成。

（一）知识运行机制

知识运行机制主要指促进知识创新、共享与应用高效有序运转的机制，包括：微弱市场信号收集机制、创新失败宽容机制、企业知识分类与标准化制度、师徒制或多人同行机制、退休员工工作回忆录机制、企业文档积累与更新制度、知识型项目管理机制、外部知识内化机制、知识宽松交流机制等。

1. 微弱市场信号收集机制

大多数企业对于微弱市场信号还没有建立起有效的收集机制。现在企业的竞争相当激烈，明显的竞争优势越来越少，更多的是在一些细微的领域竞争。比如，企业都强调在售后服务领域竞争，使出了不少招数，然而有些顾客还是不满意。举例来说，消费者在买了空调之后，厂家一般会派人来安装，安装完毕，消费者会问安装人员空调如何使用？然而安装工通常的解释是"我们只负责安装，如何使用请看使用说明书"。这是一些微弱的市场需求信号，但往往被安装工抹杀了。多数顾客不但需要安装和维修服务，更需要如何使用和保养的知识服务。少数顾客提出来后，如果有一套好的机制，那么很快会反馈到企业经营层和决策层，从而使售后服务的内容向知识服务延伸，使企业的竞争力得到提高。

对于消费者的不满，比如退货、理赔等，一般商家和厂家都会采取息事宁人、家丑不可外扬的态度，而分销商则大多采取报喜不报忧的态度，正因如此，一些代表未来需求和发展方向的微弱市场信号就会消失，这对一个企业是很不利的。挑剔的消费者提出的问题正是企业下一步攻关的方向，代表了未来的市场需求，是知识创新、技术创新和市场创新的起点。所以，企业应该建立起微弱市场信号机制，鼓励员工将市场上消费者的不满收集起来，及时反馈给经营决策部门和研发部门。

这里举两个成功的例子。有个著名的企业，收到一封电子邮件，是上海的一个客户发来的，他表示想买一个空调，已经相中了这个企业的品牌，但是他既不想买柜式的，也不想买壁挂式的。由于是新分的房子，他希望能在天花板上将空调嵌进去，并且能够全面送风，当然，他可以多付钱。这个企业很快派人去实地安装，客户相当满意。换了一个别的企业，会不会这样做呢？可能不会。很可能客户的电子邮件根本转不到销售部去，因为现在很多企业的网站维护都是由技术人员负责。另外，即使转过去了，也可能会因为客户在外地并且需求特殊而被忽略。这个企业还不只为客户安装了内嵌式空调，技术人员回来后，市场部又对内嵌式空调的需求作了市场调查，在这些基础上推出了一款内嵌式空调，市场反响很好。这就是一个微弱市场信号带出一类产品的例子。另外一个关于这家企业的例子和洗衣机有关。洗衣机的厂家很多，他的竞争对手接到很多农村的维修电话，维修人员去后发现洗衣机损坏的原因是许多农民将它用来洗土豆、地瓜和萝卜等泥土很多的农产品。维修人员告诉农民朋友，洗衣机不能用来洗那些东西，否则后果自负。而这家企业了解到这些信息后，专门推出了一款农用"洗衣机"，在底部加了一个金属托盘，问题解决了，既能洗衣服，又能洗农产品，产品得到很好的评价。这也是一个微弱市场信号带出一类产品的成功例子[①]。

2. 创新失败宽容机制

创新是有风险的，不可能每一次创新都能成功。创新成功了有奖励甚至是重奖，那么失败了呢？是不闻不问，还是不予理睬，或者予以相应处分？应该

---

① 左美云. 企业知识管理的激励机制［J］. 清华管理评论，2000（12）.

讲，大多数企业对于创新失败并没有一个比较好的处理机制。然而，要将创新作为企业竞争力来源的一个重要因素，就必须建立起鼓励创新的激励机制，要建立创新的激励机制，除了有创新成功奖励机制外，还应该建立起创新失败宽容机制。

为什么要建立创新失败宽容机制？这是因为对于风险的好恶不同，人们可以分为风险喜好型、风险中和型、风险厌恶型三种。风险喜好型自然会对创新比较热衷，而风险厌恶型则会规避创新，规避创新的主要原因是害怕失败。为了让所有的员工都能创新，就必须建立创新失败宽容机制。

要建立创新失败宽容机制，就应该对各个岗位和职位予以定级，根据不同的级别定出可以失败的次数、项目数、时间和经费规模。在上述范围内允许失败，超出范围的失败是不受支持的或者是要受到惩罚的。这样，由于在一定范围内的失败可以被宽容，企业员工创新的积极性就会非常高，创新意识就会非常强，创新成果也会随之增多。除了限定宽容的范围之外，创新失败宽容机制还要求失败者对失败的原因进行分析，整理成相应材料，供其他人参考。这样，就将主观上不愿意看到的失败客观上规范起来，纳入有效管理的范畴，同时寻找失败原因，为成功奠定基础，真正做到"失败是成功之母"。

比如全球搜索引擎公司 Google 推出的"学术搜索"产品就只是一位 Google 工程师的"业余研究"，因为 Google 允许员工占用 20% 的工作时间"干与自身工作无关的事情"，许多"业余研究"成为 Google 的正式产品。"学术搜索"搜索范围包括论文、专家文献、书籍、摘要以及技术报告。它的成就在于能过滤掉普通搜索中的大量无用信息。比如用"学术搜索"搜寻"李开复"，得到的结果中没有关于他的新闻报道，只会显示李开复历年来发表的学术文章①。又比如 2005 年 11 月 17 日，《深圳经济特区改革创新促进条例（草案）》提交深圳市四届人大常委会三次会议审议。深圳市人大法制委员会主任陈涤说，为改革、创新立法本身就是创新。如何推进改革创新？如何保障改革创新？有着地方立法权的深圳盯住了"法"，试图通过立法建立起改革创新的动力、责任、激励机制。根据该条例的精神，如果改革方案的制订符合程序，没有谋私，发生失误可免责；改革创新绩效可作为晋升依据，阻碍改革创新要追究责任。尽管还有许多人对该条例有不同的意见，但是，毕竟我国的政府部

---

① 张旭光. Google 百度首战学术搜索［N］. 北京晨报，2006 - 01 - 12.

门已经在开始考虑创新失败宽容机制了[①]。

3. 企业知识分类与标准化制度

为了使企业的知识更好地共享和应用，企业应该建立知识分类制度与知识标准化制度。企业知识的分类既要根据岗位、专业分类，更要按照局部知识和全局知识，例常知识和例外知识进行分类。

局部知识指的是在企业的一个班组、一个部门应共享的知识，而全局知识则是指企业所有部门都应该共享的知识。企业应该成为学习型组织，员工应该成为终生学习的个体，然而，受时间、经费等资源的限制，又必须强调"适时学习""按需学习"的概念。这样，对于局部知识和全局知识就可以根据不同的层次进行培训、转移。

例常知识指的是经过实践的检验已经很成熟的知识，可以进行编码，进行标准化处理，建成知识库以利于计算机处理的知识。例外知识则是指还主要依靠人参与，特别是行家里手根据实际情况灵活处理的知识，这部分知识个性化较强，需要进一步完善、成熟并接受实践的考验，从而逐渐转变为例常知识。例如很多企业推出的 800 号电话服务项目的后台——呼叫中心的处理，就是例常知识与例外知识的结合。消费者（主叫方）可以通过电话的按键从例常知识的知识库里找寻自己的答案，而找不到的例外知识则转到相应的技术人员处解决。

将例常知识标准化，有利于计算机处理和员工共享，企业对外发布的信息如果是例常知识的范围，则不论何人、何时、何地都是一致的（除非有其他考虑），而绝对不会出现高级经理和一般经理就同一个问题（比如关于企业的定位）接受记者采访时答案不一致或相矛盾的情况。

知识分类与知识标准化还有助于知识地图的构建。知识地图是企业知识的分布图。知识地图要有层次感，要能快速检索和查询，就必须进行知识分类以及将知识标准化。

4. 师徒制或多人同行机制

改革开放前和初期，在中国的许多企业里边存在着师徒制，师傅带徒弟，徒弟成绩好师傅不仅脸上光荣，而且能得到实际奖励。当然，也会存在一些问题，比如师傅之间可能会形成山头或壁垒，好的经验只传徒弟不传外人，等

---

① 胡谋，范勤学. 深圳为改革创新立法，对失误的宽容成最大亮点 [EB/OL]. http://npc. people. com. cn/GB/14957/53049/3897703. html.

等。所以，在培训公司这样新的事物出现以后，许多公司觉得依靠培训可以解决很多问题，比如知识传授的规范化、规模化等。

但是随着时间的推移，随着人们对培训业务的认识加深，越来越多的公司意识到，培训能够比较好地解决显性知识转移的问题，对于那些可以言传的、可以书面化的知识能起到非常好的作用，但对于那些很难言传的、"know-how"的知识和"know-who"的知识，师徒制则是更适合的方式。师傅可以通过示范、言传身教潜移默化地将知识传递给徒弟。当然，师徒制存在的前述问题可以通过相应的激励机制来解决。

除了设立师徒制，有些公司还建立了多人同行机制，这里的多人可以是两人或三人。两个人或三个人组成一个小组，经常在一起活动，一起交流，会形成一些共同的知识情景，或者叫知识"场"，对于疑难问题的解决或者关键技术的攻克有着非常好的作用，往往能起到一加一大于二的效果。

5. 退休员工工作回忆录机制

对于许多涉及退休员工的企业，如果这些员工就此退休并脱离了与企业的联系，在某种程度上，这对企业来讲是一个损失。因为这些员工有着丰富的经验，有着丰富的实践经历，有的还有许多没来得及整理的最佳实践经验。

有的企业已经开始设立退休员工工作回忆录机制，具体做法是：退休的员工在办理退休手续后，自愿与公司签订一份工作回忆录写作合同，约定一个写作的风格和支付的方式，回忆录写成以后，第一步是收进公司的图书室或图书馆。如果接下来被收录为公司的案例或者被评为最佳实践经验则给予一定的奖励，如果贡献大，可以给一个很大的奖励。

工作回忆录的内容主要是工作实践中应该总结的工作经验、教训、好的做法、好的流程，对未来的设想等。对于退休员工来讲，写回忆录也是对自己的一个总结和交代，是公司对自己的尊重和信任。

6. 企业文档积累与更新制度

企业文档积累与更新每个企业都在做，然而大多数企业都没有将其制度化、规范化。只有部分企业出年鉴或年度汇总材料，一般都比较厚，有的还一年比一年厚，这是由于没有将企业的文档积累与更新形成制度。

建立文档积累制度，就必须有具体的知识管理人员将企业的技术诀窍、最佳实践经验整理成文字材料，将企业的经营战略和优秀的营销方法与技术整理成材料，予以分类存档，以便企业员工共享。这一点在分支机构比较多的企业尤为重要。因为一个部门的成功经验整理成规范的文档后，通过有效的知识分发机制可以快速为其他兄弟机构所共享，避免了由于知识共享不够、信息交流不畅引起的不同分支机构重复开发某项技术、重复摸索某种营销方法造成的资源浪费。

建立文档定期更新制度，要求知识管理人员在规定的时间必须重新审视已经存档的文件之间是否有过时的内容、失效的内容、繁杂的内容或互相冲突的内容，这样，就能确保存档文件的有效性、精炼性和一致性。

7. 知识型项目管理机制

知识型项目与传统项目不一样，它更依赖人的智慧和创新能力，而次要地依赖规定的时间和场地。所以，对于知识型项目，更要强调人本管理和目标管理，而不是过程管理。强调目标管理，就是要求在规定的成本和时间内完成既定的目标，而不必要求在整个过程内严格遵守企业的规章制度，比如打卡、坐班等。

对知识型项目的参与人员还要强调柔性管理和弹性管理，因为项目的目标还有可能随着企业竞争环境的改变而做一些相应调整。比如，别的企业已经实现了该项目的原定目标，那么，项目组就应该能充分学习别的企业的经验或技术，并且将目标调整到高于原定目标的位置上。所以，知识型项目的管理强调人本管理、目标管理、弹性管理和柔性管理。

知识型项目的激励机制不但要考虑近期激励，还要考虑远期激励，并且根据项目风险的增加来增大远期激励的比重。这是因为，有些项目的收益目前不一定能显现出来，这时企业往往会低估项目的价值，而项目参与人员一般会高估项目的价值，如果采用远期激励比如股票期权和远期分红等手段，充分考虑委托人与代理人利益的相容性，则项目实施就会顺利得多。

8. 外部知识内化机制

企业的规模再大、实力再强，也不可能将与企业相关的所有专家和学者集于麾下，即使企业付得起相关费用，也不是所有的学者和专家都愿意为某个企业终生效力，这就对企业提出了一个问题：企业如何将这些外部专家和学者的知识转化为企业内部的知识。

（二）知识明晰机制

知识明晰机制就是要将企业知识管理的目标和员工知识成果明晰化，包括：阶段性企业知识管理目标发布制度、员工知识成果申报制度等。

1. 阶段性企业知识管理目标发布制度

企业要进行知识管理，就必须有目标、有规划地进行，这样才能整合企业所有员工知识管理方面的资源，引导企业员工朝一个目标和方向前进，这就要求知识管理部门定期发布阶段性企业知识管理的目标，建立阶段性企业知识管理目标发布制度。

一方面，以往企业也发布重大攻关项目、技术改造项目和科学研究项目的信息，但这些项目一般都比较重大，对于各部门、各车间的知识管理目标关注得并不多。阶段性企业知识管理目标发布制度不仅要发布上述项目，还要求企业各部门发布下一个阶段本部门的知识管理目标，而这些目标有可能只是小革新、小改造。

另一方面，以往企业发布的往往是有关知识创新的课题，而对于知识管理的另外两个目标——知识转移和知识应用注意不多，因而这里讲的阶段性企业知识管理目标不但包含知识创新目标，还包括知识转移目标和知识应用目标，并且对于大多数不从事或很少从事知识创新的员工来讲，知识转移和知识应用的目标更能发挥作用，也显得更为重要。

2. 员工知识（创新、转移、应用）成果申报制度

为了激励员工，就必须对取得知识成果的员工予以嘉奖，而要嘉奖，首先必须明确每位员工都有哪些知识成果。这样，就要求企业建立员工知识成果的申报制度。

员工的知识成果申报制度与以往每年年终或晋职时申报成果有两个很大的不同，一是时间的不同，二是内容的不同。时间上的不同是指，员工知识成果申报制度要求企业员工在每个月末都向其主管领导或主管部门申报近一个月来的知识成果，将其作为每月考评的依据之一；内容上的不同是指，员工不但要申报知识创新成果，还要申报知识转移成果和知识应用成果，员工要汇报一个月来与其他员工交流了多少专有知识，将多少知识应用于生产实践。这样，每个员工都有成果申报，每个员工都能感到知识管理与其相关，从而建立起知识创新、知识转移与知识应用的良好氛围。

其实，有的员工并不适合进行知识创新，而适合知识转移和知识应用。比如项目管理现在大家都很重视，相应的项目管理软件 Microsoft Project 对于企业来讲不属于知识创新，但如果有的员工主动将这种软件介绍给大家，并主办相应的小型培训班，那么这个员工的主要贡献就是知识转移。如果其中的一个培训班的听众能够将这种软件用于一个具体的项目，并且取得了极大成功，比如费用的节约、进度的提前或质量的提高等，那么这个员工的主要贡献是知识应用。

企业知识经济的发育可以用三维坐标来衡量：知识创新力、知识转移力和知识应用力。三个坐标任何一个薄弱都会影响企业的综合竞争力，从这个意义上说，应该将上述三方面的成果予以申报。

（三）知识绩效机制

知识绩效机制的作用是对员工申报的知识管理成果进行审查和评定，以确定其业绩和效果。知识绩效机制包括员工知识成果稽核制度、知识成果价值的专家—计算机联合评价系统等。

1. 员工知识成果稽核制度

员工申报了知识成果，上级领导和相应知识管理人员应对其进行真实性审查和有效性评定。这就需要建立员工知识成果稽核制度。该制度要求各级主管人员定期将员工申报的知识成果予以核实，并评价其价值，填写稽核单，送交知识管理部门予以参考。

2. 知识成果价值的专家—计算机联合评价系统

员工申报的有些知识成果可以用计算机来进行处理，比如市场营销人员收发了多少电子邮件，给哪些重点客户分发了电子邮件，这都可以采用电子邮件分析软件来评价员工在知识共享与交流方面的成果。显然，用计算机来辅助知识管理是一个发展趋势。

对于收益不确定或很难衡量的知识成果，则可以采用专家背靠背投票的方法或专家面对面协调的办法予以确定。这些专家，不一定是企业外部的，企业内部精通该知识成果所属领域的员工都应该算作该具体成果的评审专家[①]。

（四）知识奖惩机制

知识明晰机制是明确员工的知识成果，知识绩效机制是核实员工的知识成果并评价其价值，知识奖惩机制则将员工的绩效具体化为员工愿意接受的收益，并对不能实现企业知识管理目标的员工进行处罚。其中奖励机制包括知识薪酬支付制度、知识股权期权制度、知识晋升制度、知识署名制度、知识培训制度、知识绩点"自助餐"奖励机制等，惩罚机制有知识老化型员工淘汰制度等。当然，对于新员工也可以考虑采用新员工特区机制。

1. 知识薪酬支付制度

知识薪酬支付制度是指将收益比较容易确定的知识成果与员工的近期收益联系起来，通过增发薪水与酬金来激励企业员工。

---

① 李华伟，董小英，左美云. 知识管理的理论与实践［M］. 北京：华艺出版社，2002.

知识型员工一般对组织或企业的忠诚度较低，为了有效地激励员工，使他们努力工作，减少跳槽，可以采用效率工资的方式激励员工。

效率工资理论的较正式解释是通过一个人的偷懒模型来论述。由于信息非对称，偷懒雇员的信息表现十分有限，因而雇员可能不会因为偷懒而被解雇。因此，如果厂商给予雇员行业平均工资 W^*，雇员就有偷懒的激励，因为他在其他职位上也会较容易获得同样的工资 W^*。如果厂商提供较高的工资，在这个工资水平上，如果雇员偷懒，就有可能被解雇，解雇后在被另外一个厂商以 W^* 聘用前有一段失业期，而且收入下降。如果厂商提供给雇员的工资 W_e 足够高，雇员将会因为机会成本提高而不发生偷懒行为。使雇员不偷懒的工资水平 W_e 就是效率工资。

2. 知识股权期权制度

知识股权期权制度是指将收益目前比较难确定，并且主要在远期实现的知识成果与员工的远期收益联系起来，通过给予股权期权来激励企业员工。

"以未来的收益激励现在的奋斗，以长远的发展约束短期行为"是股票期权激励制度设计的一个主题思想。所谓股票期权就是买卖双方按照约定的价格在特定的时间买进或者卖出一定数量某种股票的权利，权利的拥有人拥有买进或卖出的权利，但不承担买进或者卖出的义务，期权的拥有人可以在特定时间内以事先约定的行权价格购买本企业股票。

股票期权激励最重要的动力就在于潜在的股票期权在未来的价值。公司股票价格的骤涨可能使股东一夜之间变成亿万富翁。股票期权制度设计的目的就在于将企业提供的内部激励外部化和市场化，即激励大小完全取决于公司股票市场价格的高低。在成熟股票市场中，这种市场评价通常要比内部评价更加客观公正。

付给骨干员工或经营者的物质激励应该包括股票和股票期权，股票与期权的长期激励可以克服他们工作行为的短期化。国外的经验表明，股票或股票期权这种长期激励应是骨干员工或企业经营者收入的 35％ 左右为宜。

对经理阶层实行股票期权激励，可以使得经营者和股东的利益趋于一致，消除信息不对称带来的不利影响，同时企业支付给管理者的是一种权利，一种选择权，对企业的现金不产生影响。鼓励管理者承担必要的风险，因为股票的价格反映了公司的业绩，而管理者的切身利益和股票价格息息相关。鼓励管理者做长期决策，矫正短期行为和短视心理。

除了股票期权这一种方法，还可以对知识成果的拥有者采取股票增值权、股票赠予等激励工具。对于知识型员工，还可以鼓励员工持股。员工股份制依据的理论假设在于，当人们为自己劳动时，他们就有更大的工作积极性；而员工为自己劳动的关键在于拥有企业的财产。因此，企业财产关系内部化，全体员工拥有企业的产权会产生更高的效率。

若员工的绩效收入完全现金化，则会使得企业员工的行为短期化，不利于企业的长远发展。国外的经验表明，奖金收入以员工物质收入的 25％ 左右为宜，奖金发放可分为一次付清或分期付给，或者一部分以奖金的形式发放，余下部分可以转为股权。要使员工（兼股东）的动机与企业长远发展结合起来，最可取的是在利润分红中部分采取股份或股份期权的方式，既起到激励作用，又有约束效果。

3. 知识晋升制度

知识晋升制度是指对于那些既取得了较大知识成果，又具有较强管理能力，并且对经济利益的刺激不太敏感的员工采用晋级、晋职的方法来激励，以使他们取得更大成果。

知识晋升制度主要通过提高员工在企业中的权力地位和增加下属员工数量来体现，如晋级、升职、向重要部门转移、由技术部门向管理部门迁职等，该激励制度主要用来满足符合著名管理学家马斯洛提出的尊重需要和自我实现需要。当然，有的技术员工的职业发展由于性格或能力不想向管理部门发展，而是想在自己的技术领域做技术指导或企业技术权威，那么也应该受到尊重。

4. 知识署名制度

知识署名制度是指对于那些取得了较大知识成果，对经济利益的刺激不太敏感，但对名望非常重视的员工采用知识署名的方法来激励，以使他们取得更大成果。比如可以员工的名字命名某工艺、某营销经验等。这样既可以让被命名的员工深受鼓舞，也可以通过具体的人名将这些成果形象化，使得这些成果更容易推广和共享。

广义的知识署名制度还包括名誉激励。对员工的知识成果予以奖励，如大会表彰、颁发荣誉证书、评选标兵、上光荣榜、在公司内外的媒体上宣传报道等。

这里举一个具体的例子。Michael Zeitfuss 公司建立了两个表扬计划，一个是建立"荣誉墙"，它是人们进入大楼的一段走廊，其墙壁的瓷片上刻有那些积极参与知识共享员工的姓名。第二个计划是表扬那些运用知识对公司做出贡献的员工。他们将得到证书，在公司的新闻稿中得到提名表扬，其荣誉也将记入永久档案中。这两个计划之所以有用，一是它重视奖励员工，二是它表明了公司对于知识共享的承诺。

5. 知识培训制度

在知识经济时代，知识已经成为一种重要的资本。知识培训制度就是对那些取得了较大知识成果，对经济利益的刺激不太敏感，但对进一步深造非常重视的员工采用知识培训的方法来激励。其实，员工深造是外部知识内部化的方法之一，这些员工深造后更容易产出知识成果，从而形成一个知识成果的良性循环。

可以选择的培训方式有很多，比如教育机构的培训、委托培养、在职研究生、工程硕士学位、MBA 学位等。同时，可以将培训激励和职务设计结合起来考虑，不仅有技术培训还应有管理培训，满足不同职务发展的需要。

企业的核心技术往往是由企业的骨干员工掌握，有部分员工并不想向管理职位发展，他们认为自己在技术领域更加自如。所以把掌握企业核心技术的机会作为奖励给予努力的员工，可以促使他以后更加忠诚地在企业中服务，并努力成为该领域的技术权威，使其先前的努力有一个良好的归宿。

6. 知识绩点"自助餐"激励制度

每个人对激励的需求是不一样的，有人对名感兴趣，有人对利感兴趣，企业都应该尽量满足个性化的激励需求。但是，企业不可能了解每个人对激励的偏好，这样，"自助餐"式的激励制度就被设计出来。

假设有一个员工的业绩经过折合为 20 个绩点（绩点由评定小组根据企业设定的规则评定），企业规定每个绩点可以折合现金 1 000 元，每个人的绩点总数不超过50%的部分可以变现为现金，其余部分要选择各类激励方案，而且，上年度的绩点必须在下一个年度用完。举例来说，该员工可以选择 10 个绩点变现，获得 1 万元现金奖励；可以选择去海南旅游 1 次，花掉 3 个绩点；可以选择进修 7 天的高级管理课程，花掉 7 个绩点。这样，组织提供一系列的可选激励方案，并设定每种方案的绩点数，员工则可根据自己的实际情况进行选择，就如吃自助餐一样。这种方法既可满足员工的个性化需求，组织又能了解所有员工统计意义上的偏好。

7. 新员工特区机制

有些企业对员工实行了知识管理的考评机制，对每个员工在知识创新、知识转移和知识应用方面都提出了相应目标。但是，对于新进入公司的员工，则给予一个缓冲时间，比如 3 个月、半年、1 年，这段时间，让新员工适应企业的运作方式，学习企业的各种规范。这种机制被称为新员工特区机制，这段时间主要考核的是新员工对企业现有知识和业务的学习情况。

8. 知识老化型员工淘汰制度

对于不能实现企业知识管理目标的员工应建立起淘汰机制，这样，就能从反面推进企业知识管理目标的实现。比如可以采用年终出考卷的方法，考卷的内容为本行业的新知识和本企业或本部门的知识成果，如果第一年落在倒数5％之内予以黄牌警告，第二年落在倒数5％之内予以红牌警告，第三年若还落在倒数5％之内则予以辞退，这样，既给后进者以机会，又给每个人以压力。提倡企业内部员工之间、部门之间的有序平等竞争以及优胜劣汰，从而给予员工一定的外部竞争压力达到激励的效果。但是也要注意不要有过分的压力，否则企业内部的协作气氛容易被破坏，而且大家都处在一种人心惶惶的境地，想的可能不再是如何留下来，可能是如何找到下一个栖身之地。

对于企业的知识管理机制，以上所列的制度都是可以使用，但不要限于此，也就是说企业在具体实施的时候，既可以有选择地采用以上制度，更需要根据企业的自身情况设计相应的制度。

第四节　企业知识转移的类型与过程

一、知识转移的类型

布鲁克斯（Brooks，1966）根据知识转移的方向将其分为两类：①水平转移，是指知识在相同等级层次单位之间的流动；②垂直转移，是指知识在高低等级单位之间的流动。

哈亚米和鲁坦（Hayami、Ruttan，1971）根据知识转移的内容，将知识转移划分为三种类型：①实体转移，即无须修改的产品或材料的转移；②设计转移，即产品的生产制造能力的转移；③能力转移，即研究开发能力的转移。

索罗和罗杰（Solo、Roger，1972）根据知识接受者对所转移知识的处理方式的不同，将知识转移划分为三种类型：①单轨转移，指知识与技术未经修改，一成不变地引入；②新轨转移，指知识与技术根据环境的不同适当地做出调整，但仍应用于原先的领域；③跨轨转移，指知识与技术经过修改后，应用于新的领域之中。

史密斯（Smith，1995）依据知识转移的媒介进行分类：①依附于人员的转移；②依附于商品之上，通过交易的转移；③通过公司之间的互动进行的转移。

豪威尔（Howell，1996）依据知识转移的层次将知识转移划分为：①厂商内的转移，指知识在同一企业内部的不同地点或不同国家之间的转移；②厂商间的垂直转移，指知识在隶属不同行业且有合作关系的厂商之间的转移；③厂商间的水平转移，指知识在隶属同一行业且有合作关系的厂商之间的转移；④机构间的转移，指知识在厂商与其他研究机构之间的转移。

迪克松（Dixon，2000）依据所转移知识的类型与转移任务的性质将知识转移分为五种类型：①连续转移（serial trans-fer），适用于一个团队做完某项工作后在新背景下重复完成相同的任务；②近转移（near transfer），指在相似的环境中执行相似的任务，但处于不同地点的供方团队和受方团队之间的知识转移；③远转移（far transfer），指转移的知识是非常规任务的情况下，将隐含知识从供方团队转移到受方团队的过程；④战略转移（strategic transfer），指供方团队将非常规的、但十分重要的战略任务所需的组织集体知识转移给另一个团队；⑤专家转移（expert transfer），指一个遇到超出其知识范围问题的团队，在组织中寻求其他专家的帮助。

综上所述，由于研究视角与分类依据的不同，诸位学者对于知识转移的类型划分也不尽相同，而这对于研究者从多种角度分析和理解知识转移将不无裨益。

二、知识转移的过程

（一）知识螺旋模型

日本学者野中郁次郎（1991，1994）从隐性知识与显性知识相互转化的角度分析了企业中知识转移的四个子阶段。

1. "潜移默化"（socialization）

该阶段是指隐性知识向隐性知识的转化过程。这是一个通过共享经历来建立隐性知识的过程。由于隐性知识是难以用语言明确表述的，并且与其产生的环境和个人密切相关，因此，获取隐性知识的关键是通过共同的活动来体验相同的经验。但是，"潜移默化"只是知识转移的初级阶段，因为知识虽然在个体之间进行了转移，但它仍是高度默会性的，即无法清楚表述出来的，所以还不能够被组织作为一个整体来加以利用。

2. "外部明示"（externalization）

该阶段是指隐性知识向显性知识的转化过程。这是一个将隐性知识用显性化的概念和语言清晰表达的过程。"外部明示"是整个知识转移过程的关键，因为它将隐性知识变得更加明晰和具体，从而易于在组织成员之间交流和分享。

3. "汇总组合"（combination）

该阶段是指显性知识向显性知识的转化过程。它是一个通过各种媒介（文件、会议、电话会谈或电子交流）将孤立的显性知识组合成为更系统的显性知识的过程。通过"汇总组合"可以使员工更系统地理解显性知识，但是它并没有真正地扩展企业现有的知识基础。

4. "内部升华"（internalization）

该阶段是指显性知识向隐性知识的转化过程。它是一个将整个组织的显性知识内化为个体员工的隐性知识的过程。通过"汇总组合"产生的新的显性知识被组织内部员工吸收、消化，从而拓宽、延伸和重构了自己的隐性知识系统。

将以上四种知识转移方式结合起来，就构成一个企业内部知识转移的动态循环过程，也被称作"SECI 知识螺旋"（图 1-6 所示）。

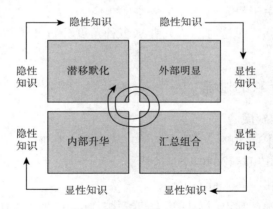

图 1-6　SECI 知识螺旋

资料来源：竹内弘高，野中郁次郎. 知识创造的螺旋 [M]. 李萌，译.

北京：知识产权出版社，2006.

企业内部的知识转移的起点是某个个体的隐性知识，在"潜移默化"阶段，这一个体的隐性知识被共享，形成集体隐性知识，然后集体隐性知识在"外部明示"阶段被外化为集体的显性知识，这些集体显性知识又通过"汇总组合"阶段整合成组织的显性知识，最后，在"内部升华"阶段，组织的显性知识通过"干中学"内化为每一名员工的隐性知识。这时，原先某个个体的隐性知识已经扩展为整个组织内部更多个体的隐性知识。当然，这些个体的隐性知识又可以投入新一轮的知识循环之中，因此整个企业内部的知识流动呈现出一种螺旋上升的过程。

（二）二维知识转移过程模型

赫德隆（1994）在知识分类与知识载体这两个维度的基础上提出知识转移过程的综合模型。知识分类维度就是将知识分为默会知识和明晰知识；知识载体维度就是将知识的载体分为个人（individual）、团体（group）、组织（organization）、组织之间的领域（interorganizational domain）。依据这两个维度，赫德隆将知识转移的过程分为三个步骤（图1-7所示）。

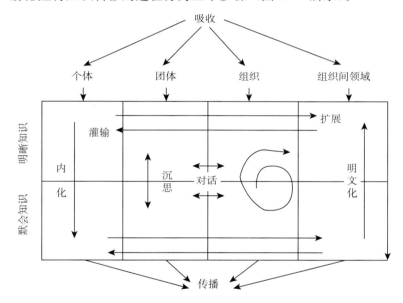

图1-7 赫德隆的知识转移过程模型

资料来源：Hedlund G. A Model of Knowledge Management and the N-Form Corporation [J]. Strategic Management Journal，15（Special Issue）：73-90.

1. 明文化（articulation）与内化（internalization），它们之间的相互作用被称为"沉思"（reflection）

明文化是指将默会知识清晰表达的过程；内化则是指将明晰的知识转化为员工个人的默会知识的过程。默会知识和明晰知识的相互作用就是"沉思"。真正的知识创造通常需要这种作用。

2. 扩展（extension）**与灌输**（appropriation），**它们之间的相互作用被称为"对话"**（dialogue）

扩展是指知识以明晰或默会的形式从低层次向高层次的转移。灌输则是与扩展方向相反的过程，例如组织教授新员工有关产品方面的知识（明晰知识）或者向他们灌输企业文化（默会知识）。"对话"就是扩展与灌输之间的相互作用，个人技巧以及企业文化常常是通过成员之间的对话与交流才得以开发和转移的。

3. 吸收（assimilation）**与传播**（dissemination），**分别指知识与环境之间的输入与输出，并且都包含明晰与默会的知识**

知识转移的整个过程就可以归纳为组织从外部环境吸收明晰与默会的知识，经由组织内部"沉思"与"对话"的转化过程，再向外界传播明晰或默会的知识。

（三）知识转移的四阶段模型

苏兰斯基（1996，2000）将知识转移划分为四个阶段，并相应分析了每个阶段所面临的主要问题，如图 1-8 所示。

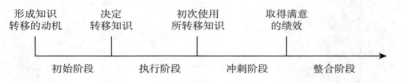

图 1-8　苏兰斯基的知识转移四阶段模型

资料来源：Szulanski G Exploring Internal Stickiness：Impediments to the Transfer of Best Practice Within the Firm ［J］. Strategic Management Journal，1996，17（2）：27-43.

1. 初始阶段（initiation）

此阶段组织已有潜在的问题需要解决，因此具有寻找新知识的需求。该阶段面临的主要问题是组织对于所需外部知识的准确识别和正确评价。

2. 执行阶段（implementation）

此阶段知识将会在来源方与接受方之间流动。该阶段面临的主要问题是来源方与接受方之间的沟通与互动是否良好。

3. 冲刺阶段（ramp-up）

此阶段接受方已经开始使用所转移的知识，并十分关切能否预先指出并解决可能出现的问题。该阶段面临的主要问题是知识转移能否达到预期的绩效目标。

4. 整合阶段（integration）

此阶段接受方对知识转移的效果感到满意，并将转移的知识逐渐演变为企业的常规知识。该阶段面临的主要问题是转移的新知识变成常规知识后所衍生的一系列难题。

（四）知识转移的五阶段模型

吉尔伯托和科迪·海耶斯（Gilbert、Cordey-Hayes，1996）认为知识的转移并非静态地发生，而是经由不断地动态学习才能达成目标。两位学者将知识流动分为五个阶段，包括知识的获取（acquisition）、沟通（communication）、应用（application）、接受（acceptance）以及吸收（assimilation）阶段，如图1-9所示。

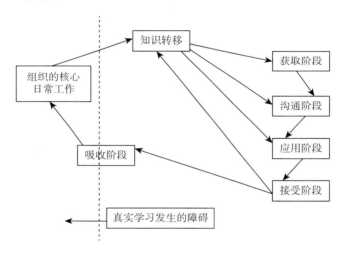

图1-9 吉尔伯托和科迪·海耶斯的知识转移五阶段模型

资料来源：Gilbert，Cordey-Hayes. Understanding the Process of Knowledge Transfer to Achieve Successful Technological Innovation [J]. Technovation，1996（6）：301-312.

1. 获取阶段

组织在进行知识转移前，必须先取得知识。知识获取的途径包括从组织过去的经验取得、由工作中取得、从组织外部取得、从员工身上取得以及通过不断的搜寻和监控过程获得。他们认为，未来知识的获取与知识的搜寻方式会受到组织早期知识获取方式的影响。

2. 沟通阶段

沟通就是将取得的知识以文字或语言的方式进行传递。组织若希望知识有效地转移，就必须对促进与阻碍知识传播的因素有清楚的了解，并且发展出健全的沟通机制（如文件、语言、团队等）。

3. 应用阶段

知识经过获取与沟通阶段之后，必须被组织应用，才能进一步鼓励组织学习，创造出新的知识。

4. 接受阶段

所转移的知识在被改变或吸收之前，必须先被组织成员所接受，吸收现象才可能发生。

5. 吸收阶段

吸收是知识转移过程中最关键的阶段，也是将获取的知识进行实际应用的结果。吸收阶段的本质就是知识创造的过程，它包含累积学习的过程，以及个人、团队和组织在认知、态度和行为上的改变。

（五）简要评述

综上所述，以上四种模型均对知识转移的过程进行了动态分析，但侧重点却有差异。野中郁次郎的知识螺旋模型主要是从隐性知识与显性知识之间的相互转化的角度阐述知识转移的动态过程，而该模型一经面世，即被誉为知识管理理论中的经典学说，并为后续的相关研究提供了一个崭新的视角。赫德隆在知识螺旋模型的基础之上，引入知识载体这一新的维度，从知识分类与知识载体这两个维度提出二维知识转移过程模型，但其理论的基点仍是显性、隐性知识之间的互动。知识转移的四阶段与五阶段模型则是以知识由拥有者转移到接受者的动态过程为研究视角，依据时间序列划分出相应的阶段，只是四阶段模型更注重知识转移的整合阶段，而五阶段模型更重视吸收阶段。

第五节　企业知识转移的影响因素

一、知识属性对知识转移的影响

本书前面部分已强调，知识有两种属性，一是显性知识，二是隐性知识，但从完全显性到完全隐性是个连续的过程。它们分别具有不同的特性以及不同的表现形式，依存于不同的载体，因此在进行转移时所需的成本不同。

显性知识主要包括技术秘密、专利等，这种知识是可观察的（Winter，1987），可以通过正式的、系统的语言（野中郁次郎、竹内弘高，1998）或者文字进行传播，具有易表达性，因此借助各种交流工具，能够以较低的成本实现向外的转移。它一般依存于某种物质载体，如纸张、磁介物质等。

与显性知识不同，隐性知识更多表现为企业文化、组织惯例或者生产能力等。相对于显性知识，隐性知识难以编码，导致在知识向外转移时必须花费更大的成本。这主要是由于：

1. 隐性知识具有"黏滞性"（Szulanski，1996；Von Hippel，1994）

冯希皮尔（Von Hippel，1994）认为"黏滞性"（stickiness）为给定的单位信息采用给定信息寻求者可用的形式传递到某个特定轨迹所需要的递增成本。当这种成本比较低时，信息的黏滞性较低；反之，黏滞性就高。黏滞性受到知识自身的属性、知识的复杂性以及知识接受者的能力等因素的影响。由于隐性知识很难被编码，很难用语言、文字表达，所以黏滞性很高，要实现隐性知识的转移必须付出高昂的成本。在谈到波兰尼认为隐性知识只能通过诸如师父带徒弟的方式传承时，冯希皮尔（Von Hippel，1994）认为这是一种成本高昂的传递模式。

2. 隐性知识具有情景专用性

企业的隐性知识是在企业所处的具体环境下产生的，野中郁次郎等人（Nonaka、Konno，1998）认为，知识是在"ba"中创造、使用的，带有很强的企业特性。由于情景专用性知识一般只适用于某个具体地点、时间的某项特定工作，因此它很难进行转移（Kogut、Zander，1992）。隐性知识的情景专用性一方面使得它很难从现有的情景中抽象出来而被转移，另一方面即使通过实现了知识的部分转移，也由于环境的不同而使知识并不能产生应有的作用。隐性知识的情景专用性使得它对新的环境具有排异性。组织文化是经过一代甚至几代企业员工共同努力所形成的，它虽然可以文字、图形等形式表达出抽象的核心理念，但已失去了其本来的主要思想。作为一种典型的隐性知识，组织文化具有深深的情景根植性，根植于企业现有的人文环境、员工以及技术环境等，很难把它移植到其他企业。虽然也有一些企业想"依葫芦画瓢"学习先进企业的组织文化，但最终都是以失败而告终，说明隐性知识的情景专用性使得隐性知识很难实现转移。

然而，隐性知识难以实现转移并不代表它不能实现转移。知识一般不存在是否能够转移的问题，而是转移成本大小的问题（Jensen、Meckling，1995；Foss，1999；苏方国、赵曙明，2005）。受到知识属性、知识转移成本及其他因素的影响，如果知识转移成本过高，则可能导致转移所带来的收益并不能弥补转移成本，知识转移的过程将不会发生。一是对于隐性程度高的知识可以通过显性化而实现知识的转移。隐性知识的显性化不是能不能的问题，而是显性化的收益能否弥补显性化的成本（Nelson、Winter，1982）。如果显性化的收益能够弥补显性化的成本，则知识的显性化能够顺利进行（Cowan 等，2000），至少能够促进知识的显性化。库姆斯和凯琴（Combs、Ketchen，1999）也认为，专用知识并不是不能转移，而是由于转移的成本很高而很少实现转移。二是隐性知识虽然很难通过交易的方式实现转移，但能通过"情景专用性"学习（con-text-specific learning）等方式获得（Gorga、Halberstam，2006）。企业间的相互合作，使得外部员工能够深入企业内部进行实地学习。获取企业的隐性知识。三是绝大部分知识既不是完全的隐性知识也不是完全的显性知识，而是位于两者之间，因此显性化成本并不是如想象的高昂。知识很少是完全隐性或完全显性的，在绝大多数情况下知识是介于完全隐性和完全显性之间（Sav-iotti，1998），对于既不完全隐性也不完全显性的知识，在部分"圈内人"间容易实现转移。随着传播范围越来越大，掌握知识的人越来越多，显性化程度也就越来越高，实现转移也就越来越容易。知识的转移是个循环促进的过程，一旦实现转移，它就可能以指数级的速度实现扩散。汉森（Hansen，1999）也认为，隐性程度高的知识可以通过相互间亲密接触及面对面的交谈等方式实现转移。因此，为了更好地理解知识属性对于知识转移的影响，有必要进一步阐述显性知识和隐性知识间的关系。

二、影响知识转移的机制分析

知识转移影响因素作用的发挥以及知识转移机制的作用共同促进了知识的转移。影响因素的作用为知识转移提供了可能性，而知识转移机制的作用则为知识转移提供了实现工具。

从现有的文献看，一些学者对知识转移机制或者转移工具进行了研究，但主要是针对公司或者联盟范围内。通过对文献进行归纳、总结，可以发现知识转移机制主要有三种：一是情景学习（师傅带徒弟）、交流与讨论等面对面交流的方式；二是培训教育等方式；三是信息技术等媒介。阿普尔亚德（Apple-yard，1996）在对美国和日本的半导体和钢铁产业进行调查后，从知识可获得性和使用方式角度对知识转移机制作了分类：一是公共知识的转移机制；二是可获得性私人知识的转移机制。公共知识的转移机制包括使用受限制的专利技术转移以及使用不受限制的阅读内部简报、公开出版物、参加公司会议等形式；可获得性私人知识的转移机制包括使用受限制的部门访问，参与研发以及使用不受限制的电子信息沟通和面谈等形式。英克彭（Inkpen，1996）对位于北美洲的 40 多家美日合资企业做了调查后，把他们的知识转移机制作了分类，即知识共享协议（如技术联席会议、定期工作访谈、技术培训、生产或产品设计外包、设备借入、工程师短期借入等）；合资企业与母公司间的人际互动；建立战略性连接（即通过联合发展战略，建立更加紧密的管理或结构性联系，或者与设备、部件和原材料供应商以及产品设计公司、咨询公司建立长期合作关系）；双方人员暂时或永久性的轮换。斯威比（Sveiby，1997）认为，无形资产可以通过两种方式在人与人之间转移，即通过信息技术或人与人间的直接传授。信息技术主要转移显性程度高的知识；人与人间的直接传授主要转移隐性知识。

梅迪亚和格兰特（Almedia、Grant，1998）从知识默会性出发探讨了企业知识转移的方法，分别可以归类到人际沟通、编码传播和内嵌转移三大类。人际沟通的方法有人员迁移、电子邮件、团队合作、电话联系、视频会议、当面商谈、培训研讨会（课程培训）、特殊知识转移团队（利益共同体、事务共同体）；编码传播包括电子数据交换、传真、文字报告或手册；内嵌转移包括产品、设备、规则、工艺程序和生产指令等。特鲁兰（Truran，1998）认为知识可以通过口头、文字、媒介三种方式传递，隐性知识一般经过口头的方式传递；显性知识则通过文字进行传递；而媒介主要指电子邮件、传真等方式。阿尔比诺，加拉韦利和斯楚玛（Albino、Garavelli、Schiuma，1999）则认为组织知识转移的媒介有规则、表格、流程、资料库、人际媒体资源等。达文波特和普赛克（Davenport、Prusak，1998）在对前人研究进行分析的基础上，认为有五种组织知识转移的方式。一是面对面的会议。正式的会议设计，有利于员工间直接进行问题的探讨，减少员工摸索的时间。二是茶水间和谈话室非正式谈话。非正式的空间通常是员工进行知识交流的场所，随机性、非正式的谈话，往往能为公司激发出新的想法，这是指导式的讨论。三是研讨会与开放的讨论。提供员工非正式交流以及意见表达的地点与场合。四是伙伴合作或师徒传承。员工在工作上所累积的知识，往往有无法外显的部分存在。此时通常需要密集的亲自接触才能进行转移，而转移最有效的方式之一是通过伙伴合作、良师指导或是师徒传承，在做中学的过程中达到知识转移的目的。五是信息通信技术。相对显性的知识转移可借用信息通信技术来完成。在综合以往学者研究成果的基础上。卡明斯和邓（Cummings、Teng，2003）对知识转移的主要方式进行了较为系统的归纳和整理，列出了 14 种主要方式：文件交换、沟通交流、报告会、协调会、对话会、知识接收者对知识提供者的参观、知识提供者对知识接收者的参观、知识接收者到知识提供者处进行工作轮换、知识提供者到知识接收者处进行工作轮换、共同技术培训、文化培训、共同项目团队、共同开发团队、共同管理会议。他们将所有的知识转移方式归纳为两类典型机制，即高级转移机制和基础转移机制。

国内的一些学者也进行过相应的研究。关涛（2005）在对跨国公司内部知识转移进行研究时把知识转移机制分为两类：第一类是以文字编码或嵌入工具形式进行的知识转移，如跨国公司内部文件交换、指导手册、产品或生产线转移、专利技术转让、电子数据交换、电话沟通等，笔者把它界定成初级转移机制；第二类是以人际互动或嵌入惯例、规则等形式进行的知识转移，如工作轮换、访谈、跨国培训、团队合作、管理输出协议、战略联盟等，笔者把它界定成高级知识转移机制。初级转移机制转移的知识以明晰的、可表达的、可编码的、嵌入工具的知识为主；而高级转移机制以默会的、不易表达的、嵌入人员和惯例的知识转移为主。笔者认为，由于具体的知识转移手段是和知识类型相对应的，不同类型的知识要求选择不同的手段。如果是可编码或易表达知识，通过交换文件、指导手册、视频信息等就可以做到；如果转移传授的知识，可以选择短期培训、专家指导、面谈等手段；如果转移嵌入产品、工具的知识，可以转移这些产品、生产线、技术工艺等；而转移默会知识或嵌入规则、惯例的知识，则需要较多的人际互动，如工作访谈、组建团队、业务协调、建立联盟等形式。另外，选择何种知识转移手段同样要受到知识转移双方的比较情境的限制，如地理距离太远，广泛的人员接触就不太现实，但是文件交换、电子信息平台的信息交流、电话沟通等"非面对面"的方式采用得就比较多；如果关系距离较远，工作协调与合作的可能性就要小一些，但可能会采取转移产品、技术或文字信息交换等形式。

于鹏、曲明军（2006）把知识转移的渠道分为两类：一是正式整合机制，二是社会化机制。他们认为，正式整合机制是指建立在正规的体系、政策和标准之上的协调模式，有利于显性知识的共享和转移，而对隐性知识的转移则益处不大。一个子公司与全球网络中的其他单位之间通过正式整合机制的联系越广泛，它们之间的沟通密度越高，传输渠道也越丰富，有利于知识的转移。社会化机制是指在不同子公司之间建立个人间亲密关系、个人亲和关系以及个体间认知趋同性的一种组织机制，它是一种个人之间的、非正式的沟通与交流。疏礼兵（2006）在对研发团队内部的知识转移进行分析时，结合相关学者的研究成果，发现研发团队内部技术知识转移主要利用文件资料、技术报告、数据库、参观学习、师徒制、沟通交流、在职培训等方式。在受相关学者的研究启发后，结合实证研究的需要，他把研发团队内部知识转移方式归纳为"文档传递"和"人际互动"两种典型机制。文档传递转移机制主要用来转移结构化的有形知识；而人际互动转移机制则需要员工参与其中，大多转移的是非结构化的隐性知识。在实践中，由于被转移知识本身具有复杂性和多样性，知识转移双方存在背景和个性差异，转移情境具有变化性，因此在现实中不可能简单地使用单一知识转移机制，而更多地是以某一种知识转移机制为主，其他转移机制作为补充和支持。

通过对现有文献的回顾可以发现，虽然在跨国公司内部、联盟内部有情景性学习（师傅带徒弟）、交流与讨论等直接交流方式，以及信息技术等各种转移的途径、方法，但可以归纳为：①人才的流动，通过人才的流动融入实际工作情景，实现情景性学习，并通过人才流动，使人们之间可以进行讨论、交流；②利用信息技术等媒介物；③教育培训，通过教育培训，实现文字等显性知识的转移。

但同时也可以发现，目前这些研究主要是针对跨国公司内部、战略联盟内部以及企业合并过程中的知识转移，而对知识在区域范围内不同企业、不同主体间转移的机制研究较少。实际上，知识要在一个区域范围内实现大规模迅速转移，从根本上也必须借助人才流动、教育培训以及信息技术等机制。人才流动、教育培训以及信息技术的发展，为知识在一个区域范围内实现大规模转移提供了现实条件。

第二章

企业内部知识转移的激励

激励就是指组织的前导情景因素（如组织氛围、组织制度和组织结构等）对效果绩效因素（如传播过程绩效、吸收过程绩效以及结果绩效等）的影响过程，包括前导情景因素直接影响效果绩效因素的过程以及通过中间变量（如转移能力和意愿等）影响效果绩效因素的过程。

第一节　知识转移激励的理论基础

一、资源基础理论

资源基础论认为，企业竞争优势在于企业能够利用各种资源（Werner-felt，1984）①。美国经济学家 Penrose（1959）认为，企业不仅是一个行政管理单位，更是生产资源的集合②。现代企业资源观之父 Barney（1991）指出，企业超常的绩效和价值可以通过 VRIN 资源如资产、信息、知识、能力、过程和组织属性等来获得，即有价值（Valuable）、稀缺性（Rare）、无法仿制（Imperfectly Imitable）和难以替代（Nonsubstitutable）③。Amit 和 Schoe-maker（1993）认为，企业资源应分为资源和能力，其中能力是企业专有的，并且可通过知识分享来有效利用④。Conner（1991）指出，在政策与文化等条

---

① Wemerfelr B. A Resource-based View of Firm [J]. Strategic Management Journal，1984，5 (2)；171－180.

② Penrose E. The Theory of Growth of the Firm [M]. London：Oxford Basil Blackwell Publisher，1959.

③ Barney J. Firm Resource and Sustained Competitive Advantage [J]. Journal of Management，1991 (17)：99－120.

④ Amit R，Shoemaker P J H. Strategic Assets and Orgnizational Rent [J]. Strategic Management Journal，1993，14 (1)：33－46.

件限制下，企业所选择的外部机会应与内部资源和能力相匹配①。

资源基础理论和知识转移的内容以及知识转移主体之间的联系主要是关键知识资源和载体资源的分配和流动。如果知识对于知识主体来说是 VRIN 资源，那么知识主体也是企业的 VRIN 资源。由于不同主体的知识价值感知是不同的，所以知识转移的激励因素和策略也应该有所不同。因此，知识主体及其知识是企业获得可持续动态竞争优势的重要资源，资源基础理论可以为知识转移激励的相关研究提供有效的支持。

二、社会交换理论

（一）社会交换理论与组织知识转移

编码是知识转移过程中将知识提供方个体知识存储为组织拥有的知识；解释则是把通过编码形成的目标知识由组织知识系统传达给知识使用者。由此可见，编码和解释构成了知识转移的整个过程。按照社会交换理论，社会交往中的不对等现象会使一方成为获得权利的影响者，而另一方成为失去社会独立性的被影响者。组织知识转移，实际上是个体或组织受其他个体或组织影响的过程。个体或组织要保持社会独立性必须拥有战略资源。有效使用现有战略资源知识在某种意义上就是使个体或组织拥有使其他个体或组织为自己提供必要信息和知识的有效诱因。在个体知识不足的前提下，通常需要利用非自身拥有的知识来有效完成自己的工作。如果一个个体或组织具有有效诱因并期待与他人交往带来报酬——有效知识，那么就会产生知识转移动机和意愿，相互提供有效知识将维持个体或组织间的相互吸引和继续交往，同时产生持续性知识转移过程。

（二）员工与组织的社会交换

社会交换理论源自美国 20 世纪 50 年代，Blau（1964）将交换分为经济交换和社会交换，经济交换基于正式合同，而社会交换包含难以界定的责、权、利，难以讨价还价，需要双方去体会和判断②。哈佛大学的 Baker 和 George（2002）的社会交换理论阐释了人际的社会互动，他认为公平和互惠是社会交

---

① Conner K R. A Historical Comparison of Resource-Based View and Five schools of Thought within Industrial Organization Economics：Do We Have a New Theory of the Firm？[J]. Journal of Management，1991，17（1）：121-154.

② Blau P M. Exchange and Power in Social Life [M]. NY：Wiley and Sons，1964.

换的主要规范和法则①。Emerson（1981）认为，经济交换是独立的，它与前后的交换没有影响，所以不会考虑交换者之间的信誉、信任、承诺和人际关系等；而社会交换中，双方必须考虑长期稳定的关系②。

员工与组织的关系实质就是员工与组织之间的社会交换，两者之间交换关系是员工以个人工作换取可得的利益和社会奖赏（Rhoades、Eisenberger，2002）③。Banard（1938）认为，组织中个体的努力贡献是由组织提供的诱因引起的④。Mareh 和 Simon（1958）认为，当组织诱因大于员工贡献时，员工会更满意；员工持续贡献的前提是组织能持续提供相同水平的诱因⑤。

员工与组织之间的社会交换需遵循互惠原则。Gouldner（1960）认为，人们应帮助那些曾经帮助过他们的人，人们不应伤害那些曾帮助过他们的人。同时还提出，互惠可以分为异质和同质互惠，异质互惠指双方交换的标的不同，但认知价值相同；同质互惠指双方交换的标的及其认知价值也相同⑥。Sahlins（1972）将互惠分为三类：①普遍互惠，即对回报时间和内容并不关心，不排除永远没有回报的可能性，有利他倾向；②平衡互惠，即用相同资源平等交换；③消极互惠，即双方利益对立，都试图损害对方的利益⑦。Emerson（1981）将社会关系分为交易性交换和生产性交换，其中交易性交换分为交易中双方贡献视情况而定的谈判交易和双方都要分别做出贡献的互惠交易；而生产性交换类似于合作，任何一方都不能单独获益。

上述理论对知识转移激励的启示在于，要尽可能提高组织对员工知识转移外部激励的同时，主动地给予员工需要的内部激励，尽可能保障员工的物质与精神需要，这样才能最大限度地增强员工知识转移的意愿和能力。

---

① Baker George，Robert Gibbons，Kevin J. Murphy. Relational Contracts and the Theory of the Firm [J]. Quarterly Journal of Economics，2002，117（1）：39 – 84.

② Emerson R. Social Exchange Theory. Inn M. Rosenbeerg & R. H. Turner（Eds.）. Social Psychology：Sociological Perspectives [M]. NewYork：Basic Books，1981：30 – 65.

③ Rhoades L，Eisenberger R. Perceived Organizational Support：A Review of the Literature [J]. Journal of Applied Psychology，2002，87（3）：698 – 714.

④ Barnard C I. The Functions of the Executive [M]. Cambridge，MA：Harvard University Press. 1938.

⑤ March J G，Simon H A. Organizations [M]. NewYork：John Wiley. 1958.

⑥ Gouldner，Alvin W. The Norm of Reciprocity：A Preliminary Statement [J]. American Sociological Review，1960，25（2）：161 – 178.

⑦ Sahlins，Marshall D. Stone Age Economics [M]. NewYork：Aldine. 1972.

三、组织公平理论

组织公平理论研究利益分配的合理性和公平性对员工工作积极性的影响。Homans（1961）首次提出组织公平理论[①]，Blau（1964）进行了补充完善，Adams（1965）用社会交换理论来评价公平，进而正式确定组织公平理论[②]。他认为，雇佣关系本身是一种交换关系，员工贡献其投入要获得相应的报酬，通过评估自己的收益投入比与别人的是否相等来确定自己是否被公平对待。Thibaut和Walker（1975）[③]发现，当人们得到了不理想结果时，如果过程是公平的，他们也能接受。Bies和Moag（1986）通过关注组织行为中上司与下属之间的人际互动关系提出了互动公平理论[④]。俞文钊等人（1991）提出了公平差别域理论[⑤]，人们对公平有一个可以容忍的范围，如果超出了这个范围，人们就会产生不公平感。

员工和企业是一种交换关系（Pinder，1984）[⑥]，为换取员工的投入，组织要给予员工一定的结果，如果员工投入努力，那么产出就是报酬；如果投入为技能，那么产出就是个人成长；如果投入的是忠诚与信任，那么产出就是认可与尊重；当产出与投入匹配时，员工会感到公平。

总之，社会交换和组织公平等理论是知识转移内部激励理论建构的重要基础。组织公平理论不但可以更好地解释知识主体知识转移激励的内容结构，而且还可以更好地解释知识主体知识转移的影响因素。

四、组织承诺理论

（一）心理契约的概念

心理契约即员工与雇主在关系方面建立的一系列可感知的、非书面的承诺

---

① Homans G C. Social Behavior：Its Elementary Forms ［M］. New York：Harcourt，Brace & World. 1961.

② Adams J S. Inequity in Social Exchange ［J］. Advances in Experimental Social Psychology，1965（2）：267 - 299.

③ Thibaut J，Walker L. Procedural Justice：A Psychological Analysis ［M］，Hillsdale，NJ：Erlbaum. 1975.

④ Bies R J，Moag J S. Interactional Justice：Communication Criteria of Faimess ［J］. Research on Negotiation in Organizations，1986（1）：43 - 55.

⑤ 俞文钊. 公平差别域与分配公平 ［J］. 行为科学，1991（1）：23 - 27.

⑥ Pinder C C. Work Motivation ［M］. Glenview，Scott，Foreman and Company. 1984：113 - 131.

和责任预期（Grosman，1989）①。心理契约假设：组织与员工之间是以责任为基本要素的互惠互利交换关系，这种交换虽然无法明确具体规定，但人们会根据社会规范和价值观进行相应衡量。心理契约来自个体感知，员工感知到的责任会影响其工作态度和行为，违背了感知到的责任往往会产生离职意向、对组织信任降低以及公民美德行为降低等。

员工与企业组织间忠诚关系也是心理契约责任互惠的体现（David，2007）②，包括对称型和非对称型忠诚关系。对称型忠诚即员工和组织相同责任的互惠，包括员工付出与薪酬福利的公平经济交易以及企业和员工间的社会情感交易（Hecksher，1995）③，社会情感交易是履行工作的内在激励（Ewin，1993④；Yoon，Ko、Baker，1994⑤；Rosanas、Vehlla，2003⑥）。不对称忠诚包括交易型不对称忠诚和关系型不对称忠诚。交易型不对称忠诚违背了公平公正的预期，激发了不公正感，如缺乏竞争性薪水和公平的激励手段组合。关系型不对称忠诚是员工奉献了很多的社会情绪资源给组织，但是组织没有尊重和珍视员工关注的利益和发展机会，即没有进行关系互惠，于是员工会感到组织一直在利用其承诺和奉献（Gordon，1996）⑦。

（二）组织承诺的概念

组织承诺也称心理契约，指员工随着其对组织的投入增加而产生的一种愿意全身心投入组织工作的心理现象（Allen、Meyer，1990）⑧。组织承诺是员工对组织的一种感情依赖，员工不愿离开组织是因为员工对组织产生了感情上

---

① Crosman B. Corporate Loyalty：Does It Have a Future [J]. Journal of Business Ethics，1989，(8)：565－568.

② David W Hart，Thompson Jeffery A. Untangling Employee Loyalty：A Psychological Contract Perspective [J]. Business Ethics Quarterly，2007，17（2）：297－323.

③ Gordon D M. Fat and Mean：The Corporate Squeeze of Working Americans and the Myth of Managerial Downsizing [M]. New York：The Free Press，1996.

④ Ewin R E. Corporate Loyal：Its Objects and Its Arounds [J]. Journal of Business Ethics，1993，12（5）：387－396.

⑤ Yoon J，Ko J W，Baker M. Interpersonal Attachment and Organizational Commitment：Subgroup Hypothesis Revisited [J]. Human Relations，1994（47）：329－352.

⑥ Rosanas J M，Velill M. Loyalty and Trust as the Ethical Bases of Organizations [J]. Joural of Business Ethics，2003（44）：49－59.

⑦ Hecksher C. White-Collar Blues：Management Loyalties in an Age of Corporate Restructuring [M]. NewYork：Basic Books，1995.

⑧ Allen N J，Meyer J P. The Measurement and Antecedents of Affective，Continuance and Normative Commitment to the Organization [J]. Journal of Occupational Psychology，1990，63（4）：1－18.

的依赖。组织承诺包括情感承诺、持续承诺和规范承诺。情感承诺是指员工参与组织的程度，是个体对组织的情感依赖；持续承诺是指员工意识到离开组织所付出的代价而不得不留在组织的倾向；规范承诺是建立在道德信仰或义务基础上促使员工留在组织的承诺。

综上所述，组织承诺与心理契约本质是一致的，区别在于组织承诺更强调主体对于组织心理契约的反映结果。尽管组织承诺是个非常复杂的问题，但组织承诺蕴含着的不同类型的责任、信任和承诺，这对于知识转移内部激励因素识别和激励机制设计有着重要的理论意义和实践价值。

（三）组织承诺的影响因素

Allen 和 Meyer（1990）认为，不同维度的组织承诺产生机制不同，影响因素也不同。情感承诺的影响因素主要有：工作特征、领导—成员交换关系、角色特征、组织结构、个性心理。持续承诺的影响因素主要有：教育程度、技术适用性、改行可能、投入多少、薪酬福利等。规范承诺的影响因素主要有：规范要求、教育类型、个体经历、社会化程度等。研究结果表明，组织支持（Eisenberger，2002）、程序公平（Thibaut、Walker，1975）、组织价值（Finegan，2000）[1] 等也是组织承诺的重要影响因素。

（四）组织承诺的结果变量

组织承诺的结果变量主要是工作绩效、离职意向、缺勤率、离职率等。Becker 认为，高组织承诺员工离职率低、工作投入多、参加组织活动积极。Allen（1996）研究发现，工作满意度与情感承诺和持续承诺的相关性都很显著，同时情感承诺影响工作绩效，但高持续承诺会导致低工作绩效[2]。

五、领导—成员交换理论

领导—成员交换关系（LMX）关注管理者与员工之间的交换关系，主要包括贡献、情感、忠诚和尊重四个因素。高水平 LMX 的特征是高度的信任、互动、支持及高回报率，而低层次 LMX 的特征是低度的信任、互动、支持及

---

① Finegan. The Impact of Person and Organizational Values on Organizational Commitment [J]. Journal of Occupational and Organizational Psychology，2000（73）：149 - 169.

② Allen N J，Meyer J P. Affective，Continuance，and Normative Commitment to the Organization：An Examination of Construct Validity [J]. Journal of Vocational Behavior，1996，49（3）：252 - 276.

低回报率（Dienesch、Liden，1986）①。Folger（1986）认为，个体的不公平感知不仅来自不利的结果，还来自他们将不利结果归咎于他人的行为②。Folger（1989）发现，在个体认为如果决策者没有采取本应采取的程序而使其没有获得更好结果时，不公平感最大③。Murhy（1997）发现，LMX 与程序公平和互动公平显著相关。因此，LMX 对员工公平感的形成产生很大的影响。

研究表明，LMX 能有效预测员工的工作态度、工作绩效、工作满意感、离职率等。高水平 LMX 成员的绩效要普遍高于低水平 LMX 成员 20％左右，工作满意感则要高出 50％（Mayfield，1998）④。由于高 LMX 关系通常有更强的组织公民行为，他们在完成额外任务时总能得到更多回报，因而增强了其努力工作的动机。高 LMX 关系成员和领导由于有充分而频繁的信息交流而能得到更多信息，所以双方都感到非常满意，因而促进了工作绩效和满意度的提高（Mueller、Lee，2002）⑤。

上述文献研究可以从理论上，为知识转移前导激励因素的识别及其与中间影响因素和效果绩效因素关系的理解提供重要的理论依据和支撑。

第二节　知识转移激励的机理

一、知识转移激励的激励因素内外协调机理

在当今竞争激烈的市场环境和全球经济中，知识已经成为企业最重要的战略资源，企业核心竞争力来源于其对知识的掌握和积累。任何知识管理机制都只是知识转移和共享的必要而非充分条件，要使知识管理机制发挥作用，必须使组织成员有知识转移的动力。研究证明，适当的激励使知识转移更为有效。激励是指人类活动的一种心理状态，它具有加强和激发动机并引导行为趋向预

---

①　Dienesch R M，Liden R C. Leader-member Exchange Model of Leadership：A Critique and Further Development [J]．Academy of Management Review，1986，11：618 - 634.

②　Folger R，Rethinkin G. Equity Theory：A Referent Cognitions Model [C] //Justice in Social Relations，eds. H. W. Cohen，and J. Greenberg，NewYork，Plenum，1986：145 - 162.

③　Folger R，Konovsky M A. Effect of Procedural and Distributive Justice on Reactions to Pay Raise Decisions [J]．Academy of Management Journal，1989，32（1）：115 - 130.

④　Mayfield J，Mayfield M. Increasing Worker Outcomes by Improving Leader Follower Relations [J]．The Journal of Leadership Studies，1998，5（1）：72 - 81.

⑤　Mueller B H，Lee J. Leader-member Exchange and Organizational Communication Satisfaction in Multiple Contexts [J]．The Journal of Business Communication，2002，39（2）：220 - 244.

定目标的作用。激励水平越高人的行为表现得越积极，行为效果越显著。研究表明，未受激励员工的工作积极性只发挥 20% 左右，而受激励员工的积极性可发挥 80% 或更高，其中 60% 的差距就是有效激励的结果。这充分说明激励对企业管理至关重要，而企业知识转移自然也深受激励的影响。根据不同激励内容，激励可分为外部激励和内部激励；根据不同激励对象，激励可分为个体激励和团体激励；根据不同激励方式，激励可分为结果激励和过程激励。

（一）知识转移的障碍

1. 知识转移的认知障碍

人类的认知能力是有限的，因此知识转移存在一定的认知障碍。在知识转移认知障碍方面，目前的大量研究集中在：接收者的吸收能力和发送者的传播能力、接收者的吸收意愿和发送者的传播意愿、组织环境、知识性质以及知识渠道，其中知识性质是决定知识转移效果的最重要因素。Polanyi（1966）最早提出知识的隐性成分越多，进行知识转移的成本就越高。Teece（1977）建立了技术隐含性与国际技术转移费用之间的直接联系，技术的隐含性增加了技术转移的时间，同时也增加了该技术转移后发挥作用的时间。Simonin（1999）通过营销知识转移的实证研究指出知识的隐性特征对知识转移具有决定性的影响。由于知识的寻求者难以发现谁拥有他们所需要的知识，而知识的传播者也不知道哪些人需要什么样的知识，同时也不知道什么样的知识适合传播，加上知识垄断动机，使得知识转移双方都缺乏知识转移的意愿和能力。

因此，知识认知障碍阻碍了知识转移意愿和能力，从而影响了知识转移绩效。

2. 知识转移的机会主义障碍

由于每个人都是利己的，所以知识型员工在知识转移过程中都存在机会主义的利己倾向，主要包括：①个体知识挪用动机。知识被转移前，对于知识潜在接收者来说知识价值是不可知的，而一旦知识价值被公布，潜在接收者就无须为此付费，还可以零边际成本重新出售。因而吸收和转让别人的知识并从中获利而不需付费的动机给知识提供方的知识传播带来不利影响。尤其是隐性知识难以评估使得产权保护难以确定，且合同成本昂贵。因此，机会主义倾向阻碍了参与者的知识转移。相反利己主义倾向使参与者将自身知识融入可出售的产品中，从而导致认为知识最有价值的人不得不通过有形产品来萃取，这无形中增加了知识转移成本。②个体的知识积聚动机。在组织生产和管理过程中会产生大量新知识，参与者会吸收、储存、组合、内化和发展这些知识。如果一个组织更多地依赖个体所拥有的知识，那么该个体就会获取更大的价值和地位，所以他们乐于看到组织、团队或其他成员寻求的知识来源于自己。

因此，以上动机阻碍了知识的转移与共享的意愿，从而影响组织知识转移过程和绩效。

（二）外在和内在激励的内涵

外在激励指通过一定的外部手段特别是经济补偿来间接满足个体的需要。外在激励运用物质手段对个体付出的劳动、创造的财富、承担的风险进行合理的回报，从而使个体得到物质上的满足，进而调动其积极性、主动性和创造性。外在激励主要包括：工资、奖金、年薪、股票激励等。内在激励是组织直接满足个体即时需要的活动，指那些给个体提供的不能以量化的货币形式来表现的各种奖励，理想的内在激励是由于自身缘故而使工作内容本身有价值，对于个体来说是自我满足和自我实现，并表现为自我持续。主要的内在激励包括：一是组织环境，如工作条件、培训内容、晋升机会、组织文化、人际关系、决策参与、社会责任、个体成长、工作挑战性、工作多样化、工作自治性等；二是心理环境，如价值认同、组织承诺、精神奖励、满意感、归属感和使命感等；三是社会环境，如社会身份、组织地位、精神荣誉等。

大量的心理学实验反映，报酬和绩效之间没有确切的联系，在内在激励前提下两类激励之间可以发生交换，但最初如果没有内在动机就根本谈不上挤出效应的发生。经济报酬会提高简单工作的绩效，Lazear（1999）发现，当汽车玻璃企业将计时工资转为计件工资时，生产效率从 20％增至 36％[①]。Titmuss（1970）发现，对献血者提供报酬会打击其内在积极性[②]。

（三）知识转移内在激励优势

根据经济学家的建议，如果企业根据员工的边际生产率支付报酬，那么外在激励的效果要胜于内在激励。由于存在挤出效应，在内在动机高的情况下，外在激励往往会产生非效率行为。因此，在克服认知障碍与机会主义障碍方面，内在激励更有优势。

1. 内在激励有利于克服知识转移的认知障碍

具有外在激励倾向的员工喜欢做一些无意义的重复性工作。此外，研究表

---

① Lazear E P. Personnel Economics: Past Lesson and Future Directions [J]. Labor Economy, 1999，（17）：199－236.

② Titmuss R M. The Gift Relationship [M]. London：Allen and Unwin，1970.

明当人们被监督时，学习速度和概念理解能力会受到抑制。因而外在激励倾向的员工相较于内在激励倾向的员工来说，由于受到监督和处罚的压力导致学习水平较低。而知识转移常与团队创新性工作相伴，工作的复杂性和挑战性使得参与者认为任务本身就是一种激励，这时对参与者的兴趣引导和好奇心满足等内在激励往往能强化参与者的学习能力，提高传播与沟通技巧，积极与团队成员共享知识，从而实现团队目标、进而达到自我实现的满足感。因此，内在动机可将组织目标和个体目标有机结合，能够克服知识转移过程中由于知识转移双方知识转移能力的限制以及知识隐含性所造成的认知障碍，从而促进知识转移的实现。

2. 内在激励有利于克服知识转移的机会主义障碍

由于契约很难确定员工所有的相关行为及期望结果，而且有时组织要确立的目标委托人并不明确，战略目标不可能总是可以被分解为具体的运作目标。契约为达到既定目标而提供的外在激励会增加无效的行为反应，因为这会使代理人仅仅关注工作有报酬的方面而忽视无报酬的方面，使其无法产生足够的刺激来为实现整个组织目标而努力。如果知识可以嵌入市场化产品中，在分散的团队之间转移，那么就可以采取契约的形式。但对于目标难以程序化、规则化和明确化的任务，由于很难监督、衡量、评估和分清各自的贡献，这时将参与者的经济报酬与组织目标相联系的外在激励往往会失效，这时对参与者的激励应当更加依赖于对内在动机起作用的自我约束机制。

理想的内在激励系统来自工作内容本身，对于参与者来说是自我满足和自我实现。在这种情况下，参与者往往积极努力进取，由于工作自治，加上不涉及衡量、监督和评价，使得隐性知识转移能够脱离监督而自发进行。

（四）内在与外在激励的协调

内在激励可以降低交易成本，可以提高信任度和社会资本，因而具有无可争议的组织优势。但是受到内在激励的员工不可能总是只为雇主的利益工作，这样内在激励就产生了问题。一方面，内在激励调整困难，并且结果往往不确定，所以组织的管理者们往往更愿意采取外在激励的经济酬劳或命令约束的政策。另一方面，内在激励也存在不受欢迎的内容，诸如妒忌、报复、渴望支配等动机，这都是为得到即刻满足而不是为实现永久性目标，因而内在激励会造成对组织成员或外部顾客的负面结果。此外，经济报酬使得员工受到外在激励的行为比内在激励的行为更容易评估。尽管许多经济学家承认内在激励的作用，但是由于难以分析、评价和控制，他们在制定相应制度时都会进行十分审慎的思考。交易成本理论假设个体都是机会主义者，并且以追求自我利益为导向。当个体不被任何规则约束时，机会主义是一个强烈的外在激励。因此，需要建立制度约束，以增加机会主义行为的成本和减少机会主义行为带来的危害。

组织激励机制的最终目的是使员工的个体目标和组织目标尽可能一致，而激励本身并不是目标，但它应支持组织目标。员工必须被激励以使其采取与组织目标一致的方式协调自身行为。为此，管理者必须比较内在激励和外在激励的优劣并组合使用，才能有效实现两者的优势互补，从而加快组织的知识转移进程。

二、知识转移激励的组织氛围环境诱导机理

（一）基于关系互动的知识转移人际信任激励

Milgrom（1992）认为，信任是指不管双方的监督和控制能力如何，一方都愿意使自己变得容易受到另一方行为伤害的意愿[①]。尽管不同学者对信任的定义不同，但学者们都认为：①信任是一种心理状态；②风险和相互依赖是信任产生的必要条件。Schwartz（1990）认为，人际信任可分为基于认知的信任和基于情感的信任[②]。基于认知的信任是基于所获得的信息而给予对方的信任；基于情感的信任是指基于双方之间的情感联系而给予的信任。

1. 基于知识提供方的人际信任激励

"以和为贵，礼尚往来"的互惠性关系是中国人际关系的法则。个体必须遵守该行为准则，否则将被组织边缘化。因此，为改善自身所处的人际环境，个体有时需要贡献出相对稀缺的知识以得到组织成员的认同。

（1）人际信任会增强知识提供方的知识转移意愿。如果接受方误用知识而造成不利后果，那么接受方有可能被同行认为无能，而且提供方也可能被认为心怀不轨。而认知信任可以减少知识误用，从而增强知识转移意愿。认知信任可以促进知识提供方明确自己的知识领域，从而降低接收者知识搜寻成本。此外，认知信任通过对知识所有权尊重的心理契约，降低其防御性行为。最后，情感信任会使知识提供方愿意接受延迟互惠，从而增加知识提供方的转移

---

① Milgrom P R，Robert J. Economics，Organization and Management ［M］. Englewood Cliffs，NJ：Prentice Hall，1992.

② Schwartz B. The Creation and Destruction of Value ［J］. Amer Psych，1990（45）：7 - 15.

意愿。

（2）人际信任会增强知识提供方的知识转移动机。动机是引起和维持个体活动朝某一目标进行的内在作用。尽管外部动机在许多方面可以发挥重要作用，但在知识尤其是隐性知识的转移过程中作用有限。由于组织不能准确评估提供方转移知识的数量和价值，所以无法对知识转移行为进行公平合理的物质激励；同时组织无法准确识别知识提供方确实有某种知识，如果不愿意提供知识，组织也无法惩罚。人际信任能够调节激励与工作行为之间的关系。因此，人际信任促使提供方产生转移知识的动机。

2. 基于接受方的人际信任激励

社会成员有与他人交往的社会需要，知识提供方会努力与他人建立良好关系，但关系建立是个互动过程，知识接受方必须积极与知识提供方互动，通过不断的感情和物质投入，从而建立起与知识提供方的良好个人关系和信任，从而使知识提供方愿意转移自己的知识。

（1）人际信任增强接受方的转移意愿。人际信任会减少防御性行为，从而增强接收者的接受意愿。在知识转移中，不仅提供方要面对风险，接受方同样也要面临风险，向他人求助可能让同行认为不胜任。由于提供方能力不足、未理解真实需要、不了解具体环境、敷衍了事利用接受方，因而接受方往往要对所获知识的可靠性进行验证，这不但需要额外的时间、资金、精力等，而且有时根本无法验证。接受方向提供方寻求知识实质是在寻求帮助，等于承认自己能力不足，同时把自己的弱点暴露给提供方。只有信任水平足以使接受方相信提供方不会利用自己的弱点，接受方才会减少防御性行为，从而促进知识转移。因此，接受方对提供方的信任水平越高，则其越会减少对所获知识的验证，从而使获取知识的成本更低、意愿更强。

（2）人际信任会增强接受方的社会认同。接受方对提供方的认同使其更愿意接受提供方的知识。此外，接受方对提供方的认同使其更愿意运用从提供方获得的知识。

综上所述，人际信任可以减少双方的知识转移防御行为，提高知识转移意愿和转移行为的稳定性。

（二）基于合作互动的知识转移竞合冲突激励

组织团队及其内部存在合作、竞争、冲突等相互作用关系，正是这些相互作用使知识转移活动得以开展。①合作。成员间合作伙伴关系是个体参与知识转移的重要推动力，长期合作有利于降低交易成本；合作各方相互信任，在订立合约上无须讨价还价，在合作过程中各方无须监督，合作各方不会面临机会主义和再谈判问题；良好的合作关系将加强组织成员间的交互学习，共同提高组织知识转移的成功率。②竞争。适度的竞争可以使成员积极性和主动性得以充分发挥，并且竞争主要表现在不同观点之间的争论，团队之间的竞争有助于团队内部凝聚力的增强。③冲突。冲突是组织无法避免的现象，建设性冲突能给组织知识转移带来积极作用，通过团队成员间的持续争论和广泛交流，可以全面深入分析潜在问题，从而获得尽可能多的备选方案；适度的认知冲突会使个体的知识转移动机得到增强。

（三）基于动机转变的知识转移组织文化激励

组织文化是在工作团体中逐步形成的规范，在组织内通过物体布局所传达的感觉或气氛，可以说特定的组织文化决定了特定的组织知识转移方式，它渗透在组织的一切活动之中。沟通交流受到组织文化氛围的限制，在激励员工组织参与的过程中，必须有支持组织沟通的组织氛围存在，才能顺利地获得、改进与转移必要的知识。组织氛围能够决定沟通交流的质量和数量。因此，组织文化是指组织成员共有的行为方式、共同的信仰以及价值观，决定了成员对待知识的态度和行为。

（四）基于能力提升的知识转移组织学习激励

组织学习为知识转移提供基本的组织知识，通过组织学习可以加强员工之间的交流，从而促进组织知识的转移。组织成员的互动与合作有助于知识转移，由此将个体知识转变为组织知识，因而组织氛围应强调员工个体之间的互动，建立相互之间的联系，使员工能转移和共享不同知识资源。组织学习需要组织全体人员共同参与，而这需要员工认可和部门交流。这些都与组织文化氛围相关。

三、知识转移激励的组织制度需要满足机理

良好的个性心理具有动力和调节效应，从而使知识转移能力转化为知识转移行为。而组织制度可以满足组织成员知识转移多方面的个体需要。具体来说，包括以下四方面。

（一）生存的物质利益需要——薪酬福利制度

生存的物质利益需要主要体现为薪酬福利和金钱财富的经济收益，即知识转移的主要动机是为推动团队任务完成和项目成功而获得的经济收益。为了保障各主体获取收益，在既定的时间范围内实现既定的任务目标是先决条件，而

知识转移则是实现既定目标的重要支撑。因此，为获得契约约定的经济收益，各主体必须参与知识转移活动。因此，知识主体对金钱财富的物质利益需要成为知识转移的基本需求。以生存的物质利益需要作为知识转移的动机，其内涵可细分为：①成本补偿收益，即知识主体参与知识转移需要付出基本的人力、物力和财力等资源耗费，这些资源耗费需要获得基本的成本补偿，以保证知识主体参与知识转移；②创新利润收益共享，即知识主体通过知识转移为企业后续发展提供所需要的利润保证，他们应该获得组织的利润分享；③创新成本节约分配，即通过知识转移实现的创新，使组织的人力、物力和财力等资源实现节约，作为贡献主体理应获得成本节约的分配。

企业的薪酬福利等物质激励制度可促进或阻碍知识转移活动（Barton，1992）；如果知识转移不能被奖励，那么你将很快地用完它（O'Dell，1998）。缺乏对知识贡献奖励的企业将会阻碍整个知识管理的实现（Steven，2000）。组织要想获得动态竞争优势，就必须不断创新，而组织创新的前提是知识转移，知识转移的本质是知识的交换，而组织内部的知识转移是以交换双方的互惠为前提的（Davenport，1998）。而且，在互惠意愿下，双方的知识交换很多情况下不是一次性完成的，是跨时间的多次交换。因此，组织要识别并激励关键人员，使得人与知识有机结合，才能达到知识转移的目的。组织需要明智地做出有关知识转移的奖励，将是否有助于知识转移作为员工绩效评估的重要指标。因此，就必须设计一个科学合理的激励机制。

（二）成长的自我实现需要——职位晋升制度

个体职业成长的需要，即主体参与知识转移是为了自我职业成长。企业成长的过程即知识积累、转移与创造的循环往复过程，参与知识转移能够产生和获得新知识，能够形成新的知识积累。因此，知识转移能够推动企业发展、个体成长，是主体参与知识转移的中层需求。以个体职业成长作为知识转移的动机，具体表现为：①个体知识成长，即通过知识转移最终获得知识积累，知识是个体成长的动力源，通过知识转移，管理知识、信息技术、项目管理等各种知识相互融合、相互补充，并激发创造新知识，形成新的知识积累和知识创造，最终推动个体的职业成长与发展；②团队知识成长，即在知识转移的过程中锻炼了团队成员，并最终形成其知识的储备与积累，知识转移过程是人的知识交互、碰撞以及创造的过程，人是活动的首要因素，通过知识转移丰富人的知识，锻炼人的能力，磨炼人的意志，这些人员经过知识转移过程的锻炼成长为企业的资深管理人员、技术人员、营销人员等，从而成为各自团队的中流砥柱，形成企业发展的人才积累；③组织知识成长，即通过知识转移和创新获得更多的市场份额和效益，通过参与知识转移，组织管理实践和效益得以改善，从而影响市场份额的提升和市场效益的改善。

（三）成就的社会认可需要——精神荣誉制度

个体成就的社会认可与尊重的需要，主要体现为通过参与知识转移，知识主体获得学习机会、相互协作以及团队认同。知识转移过程是知识和智慧的交互过程，不同主体在知识转移过程中的表现完全呈现于团队中。表现优异的个体得到团队认同，这种认同将有助于提升其社会影响和竞争优势。因此，人际信任的相互关系需要成为知识转移的高层需求。人际信任的相互关系需要作为知识转移的动机，其内涵表现在：①知识学习，即在参与知识创新的过程中，希望获得系统数据、业务程序以及管理规范等相关显性知识，以及思想观念、技能经验、行为方式、技巧方式等隐性知识的学习，从而完善自身行为，弥补技术差距，丰富管理经验；②伙伴合作，即知识转移过程本身也是服务的提供过程，是多方知识的融合与提升，知识主体参与知识转移所建立的社会关系不仅仅是经济上的合作关系，更是社会伙伴式合作关系；③社会认同，通过参与知识转移过程，知识主体表现出自身的知识背景、传授能力、学习能力、创新能力、技术水平、专业素质、组织能力以及执行能力等，彼此间会形成相互的评价与衡量，从而获得团队的社会认同和自身的竞争地位。此外，团队方参与知识转移形成的新思想与新实践将有助于提升组织效益、市场效益和行业地位。从而最终获得较高的组织地位与组织认同。因此，参与知识转移的动机可以体现为获得团队内部的社会认同和人际信任，并在此基础上获得组织的社会认同。

（四）挑战的工作自主需要——工作授权制度

基于马斯洛的需求层次理论，人的需求有五个层次：生理、安全、社交、尊重和自我实现。由于作为知识主体的员工属于自我实现人，他们具有相应的专业特长和较高的个人素质，他们更加注重自身价值的实现，更热衷于挑战性和创造性任务，渴望通过这一过程施展自己的才智和实现自我价值。对于有能力且乐于完成任务的员工，组织应当进行充分授权。

对作为知识主体的员工工作授权，可以对其心理及行为产生多方面的影响，可以实现利益相关者多赢。

1. 可以激发创新热情

工作授权可以对员工产生巨大的激励作用。由于他们所从事的工作一般都是创新性劳动，没有固定的模式、程序和方法，所以应当激发他们的创新性并充分挖掘他们的潜在能力。工作授权可以充分激发他们的创新热情。被授权的员工往往思维敏捷、精力充沛、喜欢冒险，他们对工作有浓厚的兴趣，所以更能充分发挥潜力，而未被工作授权的员工往往会避免承担责任、被动、胆怯，他们感觉迟钝、缺乏想象力，所以最多只能发挥部分潜力。

2. 可以提高组织承诺

作为知识主体的知识型员工追求自主性、个性化、多样化和创新精神，他们忠诚于自己的专业而不是雇主。组织承诺是员工对特定组织与目标的认同，高组织承诺的员工对组织有强烈的认同感和归属感。研究证明，组织承诺越强，越能促使完成组织目标，同时也可降低离职率。当组织为员工提供了决策机会和挑战性工作时，员工就会感激组织，作为回报他们会给组织以更高的承诺。

3. 可以降低工作压力

随着工作节奏加快和任务复杂性增加，工作压力加大，过度的工作压力会造成工作满意度下降、工作效率降低、合作性差以及频繁跳槽等各种反应。如何缓解员工的工作压力已成为企业人力资源管理的焦点。工作授权是降低知识型员工工作压力的有效方法。工作压力的主要来源是时间紧迫和职业发展，当通过工作授权让他们可获得工作自主权时，会在一定程度上减缓时间压力，为员工创造更多的学习和发展的机会，这在某种程度上缓解了员工的职业发展压力。

4. 可以增加工作满意度

工作满意度是个体对工作的态度，是组织士气和效率的晴雨表。调查表明，影响知识工作者满意度的因素依次为：上下级关系、工作自主权、同事关系、管理政策和工作条件等。工作授权意味着通过提供包括权力、信息、技术、知识、工具和鼓励等有利条件让员工去完成工作，从而提高员工的工作满意度。

5. 可以提高生产效率

工作授权意味着员工对信息、资源、决策及利润的分享。工作授权使员工可以选择最合适的方法完成工作，为员工不断创造更多的学习和发展机会，从而使他们不断创新完成挑战性工作，而利润分享实现了他们人力资本价值的肯定与补偿。因此，工作授权可以提高组织的生产效率。

6. 使利益相关者受益

成功的工作授权不仅能使领导者从烦琐的事务中解脱出来，集中时间和精力处理重大问题，而且还可以密切上下级关系，弥补领导者自身的不足。此外，工作授权还可使股东通过创新而受益，使顾客通过价值和服务受益，使供应商通过更有效的合作受益，从而为组织带来成功。

四、知识转移激励的组织结构渠道支撑机理

（一）组织结构的知识转移渠道支持

企业实际上是一个可以对知识进行创造、共享、传递的社会性组织，知识转移的主要目的是将个体知识转化为组织知识。Nonaka 的知识"Ba"概念和芮明杰的知识平台模型中，组织结构是组织知识转移的支撑层，是组织知识的重要载体。同时，组织结构规定了知识点和知识链的分布，支撑着企业的知识网络。集权式组织结构对知识转移具有负面影响，而非正式、交互式、横向关联的扁平化组织对知识转移具有积极影响。魏江等（2006）认为，减少知识转移困难的关键途径在于组织结构提供支撑。

（二）组织结构的知识转移动机激励

由于金字塔组织正式法令规章多、层级数多、控制幅度窄、缺乏弹性，因而使个体缺乏授权和激励，从而使个体缺乏知识转移的动机。从知识接收者的动机来看，接收者出于资产专用性的风险考虑，不愿接受转移或支付全部转移成本。相反，在扁平化组织结构中，组织分权化、低正规化、松散灵活、适应性高、富有弹性等使决策制定分权化，工作自由度增加，层级结构减少，沟通渠道拓宽，促使员工勇于挑战和冒险，提高知识转移的意愿和能力，从而加速组织的知识转移和创新进程。因此，扁平化组织结构能够有效地将组织内外分散化的知识加以整合，并持续实现组织知识的积累、创造和更新。知识的有效转移急需互惠型组织形态以及内部团队间的正式关系以支持非正式知识的交换，这些非正式知识的交换在知识转化中比正式交换更有效率。知识提供方和接收者之间的关系越强烈，就越易于实现内部知识转移。扁平化组织为个体知识创新特质的充分发挥提供匹配的组织基础。因此，扁平化组织的有机化程度越高，对组织知识转移的意愿越强。

（三）组织结构的知识转移能力提升

知识是可以转移的，但它依赖于知识接收者的吸收能力。Chone 和 Lev-lnhtal（1990）认为，吸收能力都要靠个体能力去实现，影响吸收能力的因素包括：①沟通机制，吸收能力来自对外部环境信息的捕捉与消化，以融入原有的知识领域；②教育培训，教育培训可以增加组织成员的知识吸收能力。而传

统的金字塔式组织结构层次烦琐，缺乏组织灵活性，为知识提供方的内部沟通和面对面交流制造了鸿沟。同时，金字塔组织采取纵向管理、逐级负责，对投入技术、产品和市场的具体知识比较熟悉的是较低层次的管理人员，而对战略、目标、愿景等知识比较熟悉的是高层次管理人员，而传统的组织结构阻断了有效的信息沟通，容易造成运作理念与日常事务的脱节，难以实现知识与信息的传递与共享。再加上金字塔组织结构对教育培训的目标不明确，供求不匹配，机制不健全，难以实现有效的培训开发，员工缺乏知识获取的渠道，因而知识转移能力不足，知识转移的意愿不强。

第三节　知识转移激励的管理策略

一、基于知识转移内部动机的组织氛围激励

（一）形成忠诚互信和风险包容的创新支持氛围

相比较而言，完全市场和价格报酬系统均不依赖心理契约，心理契约超出了交易性互换，包含了感激和欣赏的内在激励。基于情感忠诚的心理契约型人际关系可以大大提高合作的内在动机，从而形成有利于知识转移的伙伴式合作。

如果组织鼓励信息自由公开交流、委派挑战性工作、关注下属需求、及时提供必要资源，员工对自己的工作拥有自主性，同事之间相互协助，就形成了支持性组织氛围。支持性组织氛围鼓励创新、包容风险，因而能满足知识转移的需要。

（二）形成内部动机和专注投入的心理支撑氛围

内部动机是个体被工作本身所吸引的一种心理状态，即个体从工作中获取乐趣、自我挑战的成就感和满足感，个体是因为对工作感兴趣而参与工作，而不是受任何外部压力或诱惑的影响。当个体有高水平的内部动机时，就会产生高水平的知识转移。由于具有内部动机的个体对工作有巨大热情、充满好奇心、工作方式灵活、愿意冒险、面对困难不屈不挠，因而表现出高水平的知识转移。心理投入就是员工对工作的专注程度，高水平心理投入的员工会将出色完成任务当成自己的一种责任，因而更愿意发挥自己的想象力来重构问题。相关研究表明，个体的心理投入水平越高，个体的知识转移水平也越高。与高水平心理投入相关的因素包括：挑战性任务、专注程度、清晰目标、反馈、安全感、外部控制、自我责任心、时间管理等，而这些都与支持性组织氛围密切相

关。在支持性组织氛围中，员工投身于工作，积极尝试新方法，努力提高自身能力，这种责任感极大提升了员工的心理投入水平，从而最终提高知识转移水平。

（三）形成以人为本和互相信任的知识共享文化氛围

组织文化是指组织成员共有的行为方式、共同的信仰以及价值观。组织文化决定了员工对待知识的态度，决定着组织对待、获取和传播新知识的行为，影响着员工个体知识与组织知识之间的关系以及组织对知识的转移。随着 IT 技术的发展，组织的知识沟通渠道更加便捷，但技术改善无法解决个体分享知识的意愿。激励机制只能在短期起作用，长期还需要组织文化的支持。组织文化不但可以增强企业凝聚力，更重要的是形成了共有价值观。在知识转移中，阻碍主体转移知识的主要是组织内部的信任体系。在组织中知识往往会与权力联系起来，知识拥有量越多，权力可能就越大，对个体发展就越有利。因此，人们会倾向于控制知识转移。

为保证组织的发展，组织文化应该以人为本、互相信任、共同分享。理解人、关心人、激励人、尊重人，满足人的物质和精神需要，才能充分开发与利用人力资源。知识转移是建立在信任基础上的，只有知识转移双方都得到收益，交流和共享才能继续下去。因此，组织应该建立信任机制，并培养组织成员互信的价值观。知识经济下，产生竞争优势的知识不仅来源于组织外部的知识流入，更来源于组织内部员工间的知识共享。因此，组织应该形成以人为本和互相信任的知识共享文化氛围。

（四）建立共同愿景，形成共同学习的支撑型组织氛围

建立知识转移共同愿景，能够激发知识转移愿望，形成知识转移动力机制。建立一个超越个体愿景的知识转移共同愿景，能激发个体的积极性、主动性、创造性和追求真理的本性，激发知识转移双方的转移愿望，发挥他们的最大潜能，从而使不同个体凝聚在一起，朝着共同目标前进。知识接收者要从"要我学"的被动学习向"我要学"的主动学习转变；学习目标要从为了获得形式上的学历向重在开发个体潜能和才能转变；学习内容要从"缺什么，补什么"的单一业务培训向提升学习能力和吸收新知识、新技能转变。因此，各主体层次学习可以完善组织的共同愿景，通过将个体学习、团队学习与组织学习紧密结合，结合组织目标、团队需要和个人追求不断学习新知识和新技能，形成整个组织、团队与个体间的有效互动和共同学习的文化氛围，进而实现提高员工、团队和组织的绩效。

（五）形成追求超越和改变心智的创新型文化

组织文化对知识转移绩效起先导和基础作用，其中创新型组织文化更是组织进行外部知识获取的关键。创新型组织文化不但通过人员交流和团队交流等知识整合机制的中介作用对组织知识转移绩效产生正向的间接影响，而且还直接影响组织知识转移绩效。仅靠支持型组织文化，只能起到留住人才、让人才安心工作的作用，对于组织获取外部知识的作用不大。由于组织在进行知识转移，获取外部知识的行为本身就存在着很大的风险，因此，鼓励员工勇于冒险、勇于创新的创新型文化就起着主导的作用。组织要想获得理想的知识转移绩效，必须在企业内部建立起创新型企业文化和相应的考核保障措施，激励员工勇于创新和试验，同时建立良好的交流沟通途径和保障措施，使员工在组织内部与知识提供人员形成良好的互动沟通。只有充分地合作交流沟通，才能使知识转移更加成功，而建立良好的支持型文化和程序交流保障措施，则可以使成功的知识转移过程更加具有效率。

知识接收者应具有自我超越的意识，通过不断自我学习，积极培养自己的专长和提高多方面的技能，把自己打造成技术技能型、复合技能型和知识技能型人才。同时改变员工的心智模式，形成知识创新型组织文化，以推动知识转移的进行。①形成有利于组织内成员相互信赖的关系和统一的价值观；②支持和鼓励员工间的交流和合作以促进知识的转移；③营造一个开放的、质疑的、无威胁的内部环境，鼓励员工勇于实践和冒险，把错误和失败看作学习的机会和推动知识创新的契机；④鼓励员工敢于打破常规，避免产生思维定式而阻碍知识创新。

二、基于知识转移外部动机的组织制度激励

（一）制定科学的薪酬激励制度体系

制定科学的薪酬激励制度体系，合理确定经济补偿额度，强化知识转移的外在动机。知识主体参与知识转移需要付出人力、时间等资源投入，需要获得资源投入补偿，同时需要获得一定额度的利润以保证后续发展，因此为了保证知识主体参与知识转移过程，必须保证其成本投入以及利润获取需求的满足。与此同时，为了鼓励知识主体在知识转移过程中最大限度地付出，可以制定弹性奖励式经济补偿，如通过知识转移实现的时间节约，由此将基于成本和利润的固定经济补偿与基于努力程度的变动经济补偿相结合。

（二）设计合理的职位晋升制度体系

设计合理的职位晋升制度体系，对知识转移过程和结果进行评价，创造尽可能多的合作机会，以强化知识主体的自我成长动机，从而丰富知识转移渠道和机会。知识主体都有学习需求，而要满足学习需求，就要创造尽可能多的学习机会，如团队分工与团队合作，正式与非正式的沟通等，使显性知识与隐性知识的学习成为可能。在知识转移过程中提供头脑风暴、沙龙研讨等多种形式的学习机会，满足知识主体的学习需求。学习作为社会交往需求的一部分，成为知识主体参与知识转移的动机之一。与此同时，不仅将知识转移作为当前项目合作的基础，更将其作为长期战略合作的试验田。

（三）确定可行的精神荣誉制度体系

确定可行的精神荣誉制度体系，对知识转移的成果予以肯定和表彰，满足其知识转移的社会认可和自我实现的动机。知识主体参与知识转移是为了获得来自团队内外部的认可和肯定，这种精神层面的动力促进知识转移的有效实现。因此，对阶段性知识转移成果和贡献进行宣传和表彰将有助于调动知识转移积极性。经验性研究显示公平会增强执行的意愿，同时减少逃避行为。组织公平意味着对所有参与者创造平等的环境和机会，得到平等的报酬和激励，这有助于开发个体潜能，抛弃自私动机，积极与他人分享知识。相反组织内缺乏公平的精神荣誉机制和氛围，参与者内在动机会受到严重打击，这比失败的挫折心理更为严重。

（四）构建完善的工作授权制度体系

制定完善的工作授权制度体系，形成组织授权的良性机制，满足知识转移主体工作挑战和自我实现需要。参与作为协调机制是对市场的替换，意味着对共同目标的认可。参与提高了员工可见的自我决定、强化了内在激励。只有在对目标的认可对自我控制和自我责任有帮助时，自我决定和内在激励才会得到强化。作为对比，可见的外部控制则抑制了追逐目标的创造力。

第三章

企业转型过程中的知识转移

本章要解决的问题包括三个方面：一是企业的转型过程具有什么组织特点，研究企业转型的特征、类型和内容；二是企业转型过程中知识转移的原因是什么，从知识特性、成本、知识缺口弥补、知识创新等视角进行研究；三是企业转型过程中的知识转移从知识本体、能力、过程等角度展开。

第一节　企业转型的特征、类型与内容

一、企业转型的特征

（一）企业转型的界定标准

企业转型的操作化定义也是本研究不可回避的问题，特别是在调研阶段，必须依此确定正确的调研对象，这是分析的重点。通过查阅文献和参考相关资料，本研究拟定了一个总体框架，以表征转型内涵的管理、市场、生产以及营销过程与政策等方面的特征（图3-1）。

同这一个逻辑框架相对应，具体也可以从管理系统、营销与市场、生产系统、信息技术、人力资源及近年业绩状况等方面来辅助衡量一个公司是否在转型，以提供一个相对定性的操作化方法，表3-1变化类型中列出了5类转型事件。这些事件，与其他不确定的变化过程相结合，共同促成了企业业绩的增长。同时，表3-1也显示了企业转型过程中期望的管理、生产、营销过程以及政策的变化，如，为符合研究的要求，企业不仅要在5个方面的至少4个方面内发生变革，而且应该"在过去3～7年的经营业绩"方面也有显著变化。

（二）企业转型的具体特征

企业转型与企业的一般变革有时很难区分，因为它们都涉及企业生产经营与管理的一些变化。对企业转型过程应具备的具体特征，中外学者基于不

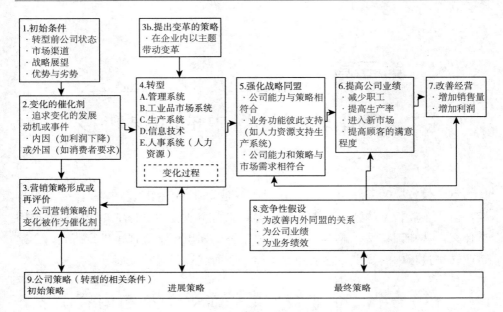

图 3-1　企业转型的逻辑模型

资料来源：依据 Gaitherburg, Maryland. More Transformed Forms Case Studies［R］. NIST-MEP，2000 整理。该报告得到美国国家标准与技术学会和制造业扩展合作伙伴计划（NISTMEP）的委托，开展了 14 个案例研究。

同的逻辑起点有许多见仁见智的看法。如 Prahalad 和 Osterveld（1999）从 5 个方面比较一般的企业改革与企业转型，总结了企业转型所应具备的特征（表 3-2）。

表 3-1　企业转型期望变化的领域

企业转型是指那些变革涉及范围广，波及各个不同的业务领域，而且能对企业产生积极影响的全面升级和完善。相关专家认为判断企业是否转型可依据下面六类转型中的五类转型来判定，其中第六类是强制选项

变化类型	变化标准
	战略规划过程
	业务实施规划程序
	管理信息分析与控制
1. 管理系统	组织文化
	融资过程
	行政服务过程

（续）

变化类型	变化标准
2. 营销与市场	工业市场营销
	消费者分析
	产品开发过程
	销售策略与销售渠道管理
	营销规划过程
	广告和促销
3. 生产系统	产品或流程设计
	设备设计
	计划和日程安排过程
	采购计划
	生产控制过程
	质量保障过程
	维护措施
	环境、健康、安全措施
	分配措施
4. 信息技术	通信基础设施
	数据管理设备
	系统应用
	过程分析或决策支持程序
	公司面临的网络升级问题
5. 人力资源	人力资源策略与管理
	职位设计或分析
	雇员招聘或选择程序
	补偿津贴与福利
	雇员绩效管理
	人力资源培训
	雇员关系
6. 商业业绩（强制性的）：在过去的 3～7 年有大幅度提高	消费者满意
	生产率（人均增加值）
	销售量
	对新顾客销售量
	利润

表 3-2 企业转型特征分析

一般变革	企业转型	要点
降低成本、提高效率、业务流程再造	在新的思维方式下，对企业的战略和运营管理的全新变革	战略革新
局部改良	全面塑造企业组织的价值取向，重新布局企业的战略愿景	全方位
浅层次的改变	触及企业深层次的转变，如企业战略、文化和意愿等	深层次
能力、业务、战略不变	实现新目标，重新构建新愿景的能力，调整业务结构和竞争战略	新愿景新目标
管理和运营系统的稳定性	全面构建新的管理系统和运营系统，涉及诸如业绩评估、产品发展和运营等各个环节	全面新系统

乔云莉（2008）也从转型的目标战略性、发展的长期性、观念的转变性、技术的创新性等几个方面总结了企业转型的特征。综合已有成果，本书从以下六个方面概括企业转型的特征。

1. 转型目标的战略性

普拉哈拉德（1990）提出企业面对竞争冲击时，需进行战略改造，重新建立企业的核心战略，改造产业的竞争规则。企业可以通过战略改造来主导自身的产业转型过程，或者确定企业新的产业边界，甚至完全改造，转移到新的行业领域，从而保持企业在市场竞争中的优势地位。陈明璋（1996）认为企业转型是因为企业所在的经营环境发生了变化，企业为了突破瓶颈或为了生存发展的需要，通过战略目标的调整和组织结构及形态的转换，对企业经营战略所做的一种适应性调整。翁望回（1997）认为企业的战略性转型思考要能完整地预见"战略转折点"的发生，并能够辨析出企业未来的利基目标，通过战略的重新定位，应对市场环境的变化。该研究还认为，要根据不同的竞争力量所导致的战略转折点，相应地实行不同的转型战略。

企业转型一方面是为取得企业自身的持续发展，另一方面是受企业追逐利润的动力驱使。转型是企业重大的战略决策，这种战略调整行为要以对企业发展环境的分析和未来预测为依据，通过对企业的战略目标进行调整或重构，优化企业的资源配置，并服务于战略目标的需要。企业发展的目的就是创造顾客并服务顾客，企业为了获得更好的发展必须不断地向自己发问：我是谁？我从哪里来？我到哪里去？通过这种自我反省的方式，使企业在做每个决策时都处于清醒的状态。在竞争全球化、管理信息化和运营资本化的时代，企业要保持持续的竞争力，就需要在经营环境不确定的形势下，通过战略转型适应环境的剧烈变化，从而达到永续经营的目的。此外，企业转型的战略性，还在于企业可以通过转型突破经营瓶颈，通过组织架构和经营目标的调整、组织流程的优化和运营管理水平的提高，促进企业在成本管理、质量控制、服务速度等方面的绩效指标得到显著的改善。

2. 经营管理的变化性

要想在转型中对企业进行重新定位和布局，就需要对企业经营管理的各个层面做出相应的调整，对企业的生产流程、人力资源、融资模式、营销管理等企业经营管理的各个方面进行重新评价与设计，通过这种方式使企业适应市场环境的变化。从这个角度看，企业转型就是企业在各个环节和层面上的适应性调整。林温正（2001）认为企业转型是以构建企业新的核心竞争力为目的的企业战略调整，其战略调整的主要依据是企业外在竞争环境的变化。同时，企业还可通过内外部战略的调整、产业定位及选择、企业经营管理的变化和企业组织变革等方式，来达到强化企业核心竞争力的目的，或是选择新的事业方向实现企业战略重心的转移。周佳欣（1997）则从经营管理变化的另一角度来阐释企业转型，认为企业转型主要是让企业重新获得竞争活力，这种活力的获得需要企业做全面的变革，涉及在现有竞争环境和竞争格局下对企业运营架构的调整和创新，以及通过变革来调整与提升员工队伍的行为意愿和执行能力。

3. 企业知识的扩容性

企业转型简单来说就是企业从一种形态向另一种形态的过渡。这个过程必然涉及企业知识的增加与扩容。企业的转型与持续发展源于企业的创新，这个过程伴随着知识的不断增加。创新是企业发展的永恒动力，无论是知识创新、管理创新，还是生产创新、技术创新，所有这些创新都与知识的扩容息息相关，知识的扩容是其他创新的前提与基础。知识的增加是企业创新的基础，只有通过创新，企业才能得到发展和壮大，并通过塑造和保持核心竞争力在竞争中处于优势地位。从这个意义上来看，企业转型的核心是企业知识的扩容。企业在占有原有知识的基础上，通过引进专利技术、研发投入和项目合作等方式，或通过引进生产设备、新材料、新工艺和新管理方式等，来实现外部转移来的知识和内部开发创新的知识的融合，进而满足企业在新的形态下对生产、经营与管理等知识的需求。

4. 企业文化的嬗变性

企业从一种形态到另一种形态的转变，不仅仅是生产、技术、营销、管理等各管理职能的变化，从深层次上来看，企业转型往往意味着企业文化的嬗变。企业文化，也称组织文化（Corporate Culture 或 Organizational Culture），它是一个组织的文化形象，是企业在长期的市场实践中形成的共同价值观、行为方式及企业理想和信念等。成功的企业，都有鲜明的企业文化，企业文化是企业的基因，是深入企业员工工作方式和处理问题方式的一种行为规范；这些规范源自企业的规章制度和企业习惯的推动和强化，并在企业的决策、工作和员工的行为习惯及生活方式等方面形成一种约定俗成的共性和共识。正是企业文化的独特性，决定了它们对企业的影响也与众不同。在两个其他条件都相差无几的企业中，企业文化上的差异，或将导致它们在问题的决策和工作方式上的差异，进而影响企业的发展和命运。

Joyee 和 Tim（1995）从思考性的角度提出：企业转型是企业在认知、思考及行为上的全新改变；一个组织只有通过自身思考方式的改变，进而达到企业文化与氛围的改变，才能实现转型；一个成功的企业转型，应该是在企业文化、形象和制度等多方面的调整或变革。这种观点认为企业文化直接影响企业的思考方式，进而影响企业的转型。

翁望回（1997）认为转型是多元化、多重性、全方位的，言外之意是企业转型也意味着企业文化的多元化。在转型过程中，企业战略目标的调整，会影响企业员工的工作方式和行为习惯，也会影响整个组织的运行模式，只有员工的思维模式和观念与转型后的企业系统兼容，组织转型才能获得真正意义上的成功。企业转型的实质是一种变革，它是一种全方位、多层次、整体性的蜕变，仅业务模式、组织形式和战略目标等方面的改变，难以达到实质上的转型要求。

企业文化内涵丰富，不同的学者有不同的看法，但是一般认为应包括经营哲学、价值观念、企业精神、企业道德、团体意识、企业形象、企业制度、文化结构、企业使命等。企业在转型过程中可以依据转型前后在战略上的差异进行相应企业文化的构建，可以按照"文化诊断→理念设计→行为规范设计→制度梳理→VI 设计[①]→文化推广"的步骤进行（图 3 - 2）。

---

① VI 即（Visual Identity），通译为视觉识别系统，是 CIS（Corporate Identity System 即企业形象识别系统）系统最具传播力和感染力的部分。是将 CI（由 MI "理念识别 Mind Iden-tity"，BI "行为识别 Behavior Identity"，VI "视觉识别 Visual Identity" 三个方面组成）的非可视内容转化为静态的视觉识别符号，以无比丰富多样的应用形式，在最为广泛的层面上，进行最直接的传播。

文化诊断→理念设计→行为规范设计→制度梳理→VI设计→文化推广

任务	文化诊断	调研诊断	理论结构	理论提炼	行为规范调研	行为规范设计	制度梳理	制度完善	VI方案讨论	VI方案设计	调研	宣传
任务内容	1.了解企业历史、战略、目标 2.收集资料,汇总分析 3.问卷调查 4.访谈调查 5.撰写文化诊断报告		1.确立理念设计风格、原则与结构 2.理论调研访谈 3.问卷调查 4.访谈调查 5.理论提炼与设计 6.理论大纲文本规划		1.行为规范结构设计 2.行为规范设计 3.行为规范调查 4.行为规范修订		1.制度专题培训 2.制度诊断调研 3.制度梳理 4.制度体系架构诊断 5.制度完善、修订		1.VI方案设计 2.VI方案讨论 3.VI方案修改 4.VI手册设计		1.文化推广调研 2.推广手册结构设计 3.确定推广手册内容 4.推广手册设计	
方法	·一对一访谈 ·问卷调查 ·现场观察 ·工具分析		·访谈调查 ·问卷填写 ·工具分析 ·理论提炼		·理论大纲设定 ·问卷填写 ·工具分析 ·规范提炼		·头脑风暴 ·研讨修改 ·专题培训 ·修改修订		·访谈交流 ·头脑风暴 ·会议讨论 ·标杆参考		·头脑风暴 ·会议研讨 ·标杆参考	
结果	企业文化诊断报告		企业文化理论大纲		行为规范手册		企业制度文本		VI手册		企业文化推广手册	

图 3 - 2　企业转型中的文化构建流程

资料来源：根据 http://baike.baidu.com/view/4152.htm 整理。

5. 企业转型的长期性

Hamel 和 Jonathan（2000）明确指出，当一个企业所处的经济环境不景气时，也就是企业必须寻找转型之时。企业转型的主要目标是突破企业原有的发展瓶颈，进入新的发展通道。企业转型持续时间一般较长，短则 3～5 年，长则 5 年以上，所以企业转型不是一蹴而就的事情，企业家必须克服急于求成、立竿见影的心态，做好长期持续革新的思想准备，按照战略规划的部属有条不紊地稳步推进，做好企业转型的长期性和艰巨性的思想准备，并落实到企业管理的各个环节，而不是将转型错误地理解为一种阶段性的活动。同时，企业转型面临着一系列软件资源和硬件资源的调整或重构。涉及的内容和环节相对复杂且烦琐，耗时也会较长。

6. 企业转型的风险性

企业转型是企业资源重新布置和优化的过程，也是企业战略重新定位的过程，在这个过程中不可避免地存在风险。企业转型是一个系统工程，因而转型的风险也是系统性的，企业做出转型的战略决策之时，也是企业转型可能发生风险的开始。具体来说，企业转型的风险可以概括为以下五个方面。

（1）政策法律和壁垒风险。企业的转型过程除了受制于自身相关因素的约束之外，还与企业的外在环境息息相关，尤其是所在国家宏观政策和相关法律制度的影响，或关乎企业转型的成败，诸如所在国家的环境保护政策、产业结构调整政策、税收信贷政策或目标市场国家的技术壁垒、关税壁垒、绿色贸易壁垒等。一些国家的法律政策和壁垒对于企业拟介入的转型领域的限制，势必会对企业转型构成巨大影响，因此企业面对这些风险时，要提前做好风险评估，通过必要的措施和策略降低或完全规避风险。尤其是当企业进入的是一个完全陌生的行业领域时，由于与转型前的行业领域没关联或者关联度不大，所以企业更应该着重考虑进入新领域可能产生的各种障碍和限制壁垒以及相关国家的政策规定、法律制度等因素，制定出符合企业实际情况且切实可行的转型战略。

（2）转型战略定位风险。企业的转型战略定位是产生风险的重要来源之一，因为转型战略决定企业未来的大政方针和发展方向；同时，转型战略也会决定企业的资源配置和各个发展阶段的状况。企业转型战略定位的风险就在于其战略的方向是否正确，转型战略的方针政策是否契合企业自身的资源状况、企业能力及所在行业的发展规律和市场环境状况。

（3）转型投入风险。企业转型会涉及资金的投入，而企业转型的时间跨度较长，这就决定了其资金回收期较长，此外，这还和企业转型采取什么样的转型方式相关。若是采用"激进式"转型，转型周期会相对缩短，但在短时间内需要投入的资金量相对较大，且转型失败后企业后撤的余地较小，这种转型方式风险较大，但一旦转型成功后，企业能较快地进入"快车道"。若是采用"渐进式"转型，企业长期成本会相对较大，但短期内投入资金量相对较小，企业转型不成功能及时后撤，这种转型方式风险相对较小，但整个转型周期较长，企业成长会相对较慢，投资回收期会较长。此外，企业转型还要注意财务风险，充足的现金流是保证企业转型成功的必备要素。企业在实现盈亏平衡之前，投入成本较大，这时现金流出较多。如果企业在进行转型评估时，没有充分的估量核算，造成转型时资金的需求缺口较大，企业现金流断流，将会给转型带来严重的风险，导致转型不到位或转型失败。

（4）文化观念重塑风险。企业若是以并购的方式进入某一行业领域，则与原有的企业文化整合是企业转型不可忽视的一个因素。因为企业文化是企业的基因，新旧企业文化融合的好坏将直接影响企业的运营状况。态度决定一切，观念影响行为。重塑企业文化和观念的过程，也就是对原有的企业文化和观念进行调和的过程，在这个过程中重塑的全新文化和理念会影响员工对转型的态度和执行力。企业员工从转型前的企业文化和思维观念中解脱出来，形成新的企业文化和理念，一方面，可以减少企业员工对企业转型的消极态度或抗拒情绪；另一方面，重塑后的员工态度和执行力能够契合转型的需要。

（5）人力资源配置风险。企业转型面临人力资源的重新配置和调整，这对企业员工的技术、思想观念、思维方式等提出了新的挑战。重新配置人力资源，意味着原有企业员工面临着职位调整、解聘、培训和重新上岗的情况。在这个过程中企业必然会遇到阻力，对原有人力资源的有效合理配置将面临较大的风险挑战。

二、企业转型的类型

企业转型的概念相对宽泛，既有宏观层面的，如国家转型、地区转型、行业转型，又有相对微观层面的，如企业转型，还有既有关联又有区别的混合转型。无论何种转型，其最终的逻辑都会落在企业具体的转型发展上。国家、区域和行业的差异，以及企业本身的特点决定了企业转型类型划分的多样性。

（一）基于文献研究的企业转型类型

基于相关研究对企业转型在不同视角下的不同看法，综合分析，可总结为如图 3-3 所示的几种类型。

（二）基于发展阶段的企业转型类型

依据企业在发展过程中的阶段性，以及不同发展阶段侧重点的差异，也可以对企业的转型类型进行分类，其各种转型存在不同的原因和特点，经过归纳总结如表 3-3 所示。

（三）基于战略层级的企业转型类型

依据企业战略所处的层次、职能和具体项目，也可以对企业的转型类型进行划分。

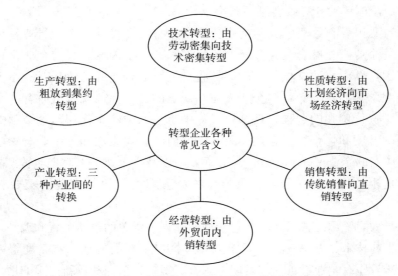

图 3-3 文献研究法的企业转型划分类别

表 3-3 基于企业发展阶段的转型类型划分

类型	内容及原因简析	频率/性质
经营转型	经营理念及方式、方法发生根本性变化；企业根据市场环境的变化，通过调整经营战略，转变经营方式和方向，来升级或变更企业业务内容	经常发生根本性变化
管理转型	管理方式发生革命性变革；由于原有的管理方式落后，不能适应企业发展或市场需求，因而向管理要效益；管理的转型通常是革命性的，会影响到企业各部门的利益，还会带来企业规模的变化，这种变化，会导致责、权、利的变化和迁移，但这种变化对企业转型来说不可避免	经常发生革命性变化
融资转型	筹措资金的方式发生变化；企业在初创阶段，以自筹资金、亲朋好友筹借或小额信贷的方式获得启动资金，伴随着企业的成长，这种小额融资的方式已难以满足企业的发展需要。此时，企业会更多地依赖其他的融资渠道来获取资金，如银行贷款、抵押拆借等，这样的融资方式一般成本较高；当企业规模进一步发展时，为了降低融资成本，同时融到更多资金，借助市场化的融资平台成为筹措资金的主要通道，如发行公司债券或股票等	逐渐变化、鸡尾酒式变化
技术转型	抛弃或升级原有技术，采用高新技术。通过技术进步促进企业发展，使企业处于市场竞争的优势地位	经常发生

（续）

类型	内容及原因简析	频率/性质
产品转型	产品更新换代，可以是产品的升级、类型的改变，还可以是产品线的延伸，如果是产品的彻底更换，实际上就成了经营战略的转型。产品转型和经营战略转型，有时二者会在一个企业同时出现	发生次数少或偶然性变化
所有制转型	国有制、私营、外资及混合所有制之间的转换。打破技术壁垒、制度壁垒和资源壁垒，促进企业发展	频率少变化大

1. 总体战略转型

这类转型涉及企业使命、愿景、核心价值观等的改变。其转型的革命性、彻底性和根本性是显而易见的，转型将导致企业脱胎换骨、改头换面，但转型的难度和风险性也较大。

2. 业务战略转型

这类转型是对企业核心业务的调整，意味着企业的行业定位、市场定位、产品定位等方向的变化，转型将导致企业业务模式的根本变革和业务内容的彻底变化。例如诺基亚由原来的木材行业转型到手机行业，其行业定位、市场定位和产品定位发生了根本变化，业务内容、服务对象和运营模型也发生了革命性的变化。

3. 职能战略转型

职能战略转型是企业的局部转型或是整体转型下若干职能部门的转型，其转型的本质是企业若干职能部门职能模式的变革，也是在总体战略下局部战略的调整和安排。这种转型不会改变企业的核心基础和核心业务的本质内容。如广东华润涂料公司，通过与国际领先的化工公司合作，实现了企业涂料生产的技术、市场和产品等的职能战略转型，同时也成功实现了"走出去"的国际化战略。在这个转型过程中，华润公司通过多个职能部门的模式转变，不仅增强了企业的涂料核心业务，还保持了自己企业的本质不变。

4. 战略项目转型

这种转型是企业通过一些重大项目实现企业战略重心的转移。如在企业的战略框架之下，对一个或多个存在战略意义的项目进行投资，进而实现行业或业务内容的转型。这种转型方式有点类似于渐进式转型，通过以点（若干项目）带面（整个业务）的方式实现业务内容的彻底转型。

5. 专题战略转型

这种转型方式是通过实施专项战略，达到企业在某些方面的快速完全转型。如联想集团通过收购 IBM 个人电脑业务，实现了由一家中国本土企业向一家全球跨国公司的转型，快速实现了业务扩张，并成长为一家全球知名的集团企业。

对上述五种企业转型类型，依其转型规划制定、转型方案实施和转型结果控制情况，进行如表 3－4 所示的排列，表中星号的多少代表难易程度和风险的大小情况。企业要根据实际状况来选择合适的转型类型。在五种转型类型中，前两种转型相对复杂，涉及面广，转型的彻底性较好，转型的风险相对较大；后三种转型相对稳妥，转型风险相对较低，属于渐进式的转型方式，但转型的效率较低。

表 3－4　各种类型转型的过程与风险

	转型规划制定	转型方案实施	转型结果控制
总体战略转型	☆☆☆☆☆	☆☆☆☆☆	☆☆☆☆☆
业务战略转型	☆☆☆☆	☆☆☆☆	☆☆☆☆
职能战略转型	☆☆☆	☆☆☆	☆☆☆
战略项目转型	☆☆	☆☆	☆☆
专题战略转型	☆	☆	☆

三、企业转型的内容

通过众多学者对企业转型内涵的界定不难看出，在知识经济时代，企业转型绝对不是一蹴而就的事，而是一项复杂的系统工程。具体来说，企业转型涉及不可回避的五个方面的问题：①为什么转（Why），②凭什么转（What），③转向何处（Where），④如何去转（How），⑤何时转型（When）。这"4W1H"实际上是对企业转型的分析方法，具体分解可以概括为如表 3－5 所示的内容。

为什么转，这是企业转型的动因。企业转型的目的是保持企业的持续发展和竞争优势。从经济学视角来看，企业转型无外乎诱致性转型与强制性转型。也可以把企业转型的动因按其来源分为内驱动因和外驱动因，企业根据内驱动因或外驱动因做出是否转型的决策，其内在的逻辑关系如图 3－4 所示。

表 3－5　企业转型分析法

分析内容	操作性内容
为什么转（Why）	判别转型的必要性和可能性、确定转型理由（诱因和动机是什么）、辨别转型的机会
凭什么转（What）	分析企业转型所需具备的条件，即企业拥有什么内外部资源，如企业的技术、能力、资源、知识、资金、政策、环境等
转向何处（Where）	决定企业的转型方向，即明确企业要进入什么样的行业领域，从事什么业务内容，可否部分或完全退出原有产业等
如何去转（How）	要求对转型方式做出决策，即必须明确地选择以什么方式进入新业务领域和退出当前所处的业务领域
何时转型（When）	明确企业转型机遇期，即通过企业内外部资源分析、市场前景分析和所在国家的产业政策分析等，确定企业转型的时间窗口期

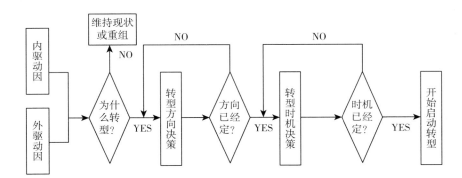

图 3－4　基于内（外）驱动因的企业转型决策模型

从内驱动因来看，企业基于有限理性的考虑角度，期望通过转型实现企业发展方式的变革和发展空间的拓展。这种内驱动因是强烈而持久的，只要企业处于生命周期的存续期间，这种动因就会存在。当然企业转型能否成功，取决于企业内外各种资源因素的共同作用，如企业发展战略、企业技术能力、企业人力资源、企业市场资源等。从外驱动因看，企业转型主要受制于企业外部环境的约束，有企业所处的市场状况的影响作用，也有外在的宏观政策、环保要求、地理环境、法律法规等因素的作用，这两方面的作用共同决定企业向何处转，是全局转型还是局部转型，转型风险如何。

凭什么转，其中的"什么"，是指企业转型的前提条件。当企业在内外因素的驱动下，确定必须转型后，首先就要弄清楚企业自身具备哪些转型条件。转型条件可以分为软条件和硬条件，软条件包括战略保证、治理结构、运行机制和企业文化等；硬条件包括资源、资金、人力等。转型条件是企业做出要不要转型的预判之后，对能不能转型进行判断的基本条件。

转向何处，是企业转型方向的确定问题。在企业的转型战略中，到底该留在原产业中，还是要进入新的行业领域，是企业首先要面对的问题。本研究认为可以从如下五个方面加以考虑。

第一，产业规模。足够大的产业规模是企业成就大事业的保障，虽然有人根据长尾理论提出了不同见解，但是迄今为止国际知名的大公司大部分都存在于产业规模大的行业里。

第二，盈利模式。企业拟进入某个产业一定要考虑到该产业有没有理想的盈利模式？产业的利基总量到底有多少？需要投入多少？用什么样的商业模式，才能达到什么样的市场份额？赚取多少利润？例如，不能简单地凭计算机市场的发展趋势，就预判 IT 产业好坏，要考虑，其有什么样的盈利模式，其利润来源在哪里。

第三，资源和资产是如何分布的。企业要把拟进入行业的资源和资产状况及分布情况调查清楚，并评估企业自身有没有相关的资源和获得资源的实力。

第四，产业的管制情况。政府的产业政策会影响行业的结构规模和利基。企业要能看到其拟转入或所在产业在产业结构中所处的位置和未来的发展趋势，从而研判是否进入、停留或者退出。

第五，产业的技术走势。企业如果要进入某个产业，首先要考虑，产业的核心技术掌握在哪个企业手里？能否通过知识转移或其他方式获得关键核心技术？具备哪些资源能掌握这些技术并能使之处于领先地位？此外，还要考虑所转入的产业和目前产业之间的关联度和协同性。

如何去转，是企业转型的方式问题。企业转型是一个普遍性与艰难性并存的过程。企业转型的普遍性是由企业求生存、求发展的基本属性所决定的。企业转型的艰难性是指：无论什么转型，对企业来说难度都不容小觑，这由转型的长期性、复杂性和系统性决定的。究竟选择何种转型方式？如何去转？还要在综合考量企业的整体战略、拥有资源等具体情况后再做决定。

何时转型，是转型时机的确定问题。这个问题既与企业自身的发展情况、企业内部资源有关，同时也与外部宏观环境，特别是拟转向行业的特点与情况有关，要全盘计划，统筹安排。

第二节　企业转型的知识特点及状态

一、企业转型的知识特点

知识转移在企业内外部的经济生活中较为普遍，然而与其他领域的应用相比，企业的知识转移有其自身特点，并且与知识的特性紧密相连。对这些影响转移的知识特性的准确把握，是对转型企业的知识转移过程进行深入研究的前提。

（一）知识的相关性

知识的相关性，即企业原有产业和新进入产业中知识的相关程度。根据转型跨度大小的不同，企业在确定的新产业领域的知识，一般与当前产业的知识有或多或少的相关性。知识的相关性，从短期来看，可以影响转型过程中知识转移的效率；从长期来看，能使企业以较低的成本迅速地学习和积累新知识。本书认为，知识的相关性有三种作用形式：第一种是在原有产业中建立和维持的具有核心竞争力的知识，在新的产业空间中可以起到催化剂的作用；第二种是利用在建立现有产业核心竞争力的过程中所需要的知识，以更低的成本或更快的速度创立新产业领域的新的核心能力；第三种是在建立新产业领域的过程中，企业获得了新的核心能力，而这些核心能力反过来会作用于其现有的业务单元的知识水平。前两种知识相关性的作用形式在企业进行产业转型过程中应用得较为广泛。

（二）对核心竞争力的作用

知识的默会性，即知识无法用明晰的规范化的语言进行传播，其深植于个人的行为和经验中，不易被表达和共享。一个产业的知识默会性程度及其对核心竞争力的作用能够影响企业在产业转型中对知识的吸收，进而影响知识转移的模式。制造业相比于服务业来说，其默会知识对产业核心竞争力的作用相对较小，其生产系统与知识系统的可分离程度较高，比如汽车制造业。而在餐饮、管理咨询等软服务业中，默会知识的作用较大。如果新进入产业中默会知识的含量比较高，且其对产业竞争力的提升至关重要，那么，为了在企业转型中提高默会知识的转移效率，并减少默会知识的外溢，企业可以采用联盟、技术学习等方式与外部人员进行合作交流，在实际沟通和接触的过程中，使新产业所需的默会知识被潜移默化地转移到自身企业中。如果新产业对默会知识的要求比较低，这种知识对产业竞争力的影响力不是十分明显，那么企业在转型中可以采用外包或者重组企业内部设备等方式，挖掘物化在机器设备或产品上的具有专用性的隐性知识。

（三）知识的情境依赖性

知识的情境依赖性，即知识对其所嵌入环境的依赖程度。如果知识作用的发挥需要涉及其所在的情境知识，则该项知识的情境依赖性较强；而比较完备的独立知识，对情境的依赖性较弱。如果一种具有竞争力的知识涉及大量的个人和团队知识，它就很难被重新理解和吸收，可转移性将大大减弱。比如在生物技术、汽车等迅速发展的领域，知识分散广泛、精细复杂。对这种知识，企业间的战略联盟合作可以使其得到很好的传播和利用。而对于独立性较强的知识，产业的专业系统和知识系统的可分离程度高，在知识转移的过程中可以采用模块化的方式。单个企业无法掌握也没有必要全面掌握复杂产品的相关知识，但是可以有目的地选择新进入产业中的某些重要技术知识模块进行集中学习和创新，从而在产品的某些方面形成专有知识，跻身产业前列。

（四）知识的专业性

在知识转移的过程中，接受者是否具有相应的专业知识基础，在很大程度上决定了外源技术知识能否被真正转移和吸收。如果企业转型的专业性跨度较大，接受者对新领域的知识储备不足、缺乏经验，与知识发送者存在较大的知识落差，或者缺乏对新领域的知识敏感度，就会对转型企业的知识转移过程产生阻碍作用，削弱知识转移的效果。而在某些特定的产业中，如IT服务、金融服务等行业，共同的专业背景和专业经历，在频繁的交流中往往会发展出一种专门的表达传递方式，有利于企业在对各类符号、信息的共同理解的基础上进行有效的沟通和学习。因此，企业在转型过程中，要清楚地识别出所需知识的专业性和通用性，采取具有针对性的措施来组织知识转移的过程。

二、企业转型知识的状态

从知识转移的角度来看，企业在转型的过程中所涉及的知识，大致包括以下几种状态，如图3-5所示。

（1）共用知识：在企业做出战略转型的决策后，需要分析转型所需的知识与转型前原有知识域的共同点。这部分知识是转型前的知识域和转型后的知识域的交集，在企业转型前后几乎没有变化，因此，可以完全复制并直接利用。如企业的品牌、销售渠道等无形知识资产。一般来说，主要包括企业最核心的

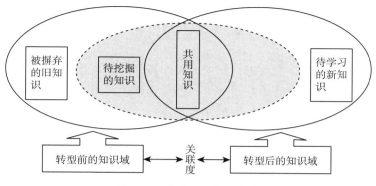

图 3-5　企业转型知识状态

知识以及与转型前后知识域相类似的知识储备。

（2）待挖掘的原有知识：这部分知识能够在新业务领域中被加工应用，并促进企业迅速以低成本实现转型。企业可在内部识别出待挖掘的对转型有益的知识，采取相应的措施实现企业内部的知识转移和共享，并在原有知识的基础上进行深度强化、提高、扩展和延伸，从而使其成为与新领域相吻合的可再利用的知识。待挖掘的知识和共用知识统称为企业转型前后的关联知识。

（3）被摒弃的旧知识：这部分知识主要包括两个方面的内容。一方面是指新进入的产业知识域所不涉及的或者已经过时和淘汰的原有旧知识。在企业转型过程中要及时识别和摒弃这样的知识，避免企业的知识冗余。另一方面是指与新进入领域的知识相冲突或者不符合新产业发展趋势的旧日知识。准确识别和摒弃这部分知识，可以提高企业转型的效率。

（4）待学习的新知识：涉足新的业务领域，必然有全新的外部知识需要重新学习、吸收和应用，这包括显性知识和隐性知识。企业在转型过程中，应通过自主研发、合作创新等方式，对新进入领域的知识进行学习，从而有针对性地学习和创造新知识。

在企业不同类型的转型过程中的不同时期，各种知识状态表现出不同的分布和知识转移的形式。除了被摒弃的知识外，其他三种知识状态都或多或少涉及知识转移的个体、团队、组织、组织间四个层次。其中待挖掘的知识的转移过程主要在组织内部层面，待学习的知识的转移过程主要在组织间层面。此外，以上知识状态的转化会通过企业转型的整个知识转移过程得以实现。

第三节　企业转型中的知识转移动因

企业在转型过程中需要进行知识转移，不仅因为企业需要知识管理，知识管理中包括知识转移的简单逻辑推理。这种转移还针对企业的特点，涉及企业需要知识管理与企业转型特征这种共性与特性的交集。也就是说企业转型进行知识转移的动因，既具有一般企业需要知识转移的共性，也具有企业转型需要知识转移的特性。

一、基于知识特性的解释

（一）来自知识非排他性的动因解释

知识的非排他性是知识区别于其他物质资源的一个重要特征。一般来说，所有物质资源都有排他性，即使是公共物品，从所有属性上来看是共有的，但在使用时，如果一个人在使用，其他人暂时就无法使用。而知识具有完全的非排他性，某人拥有知识不排除他人也同样完整地拥有该知识。对知识的拥有只有个体禀赋的差异，没有知识共享的排他。正是知识的非排他性，造就了知识的可共享性，从而使知识具有不同于土地、固定资产以及其他物质资源的独特优势，也就是说。知识能为很多人和企业同时使用，而且共享知识的企业和个人越多，知识的价值越大。

知识的非排他性，使企业可以利用知识而不需要额外付出成本。这可以从两个方面对企业转型过程中的知识转移动因做出解释。一方面，企业在转型过程中可以充分利用一部分原来自有的知识，如基本的管理知识、财务知识、技术利用知识、知识型人才管理知识等，而且这些基本知识不管企业转向何处都会有用；另一方面，企业在转型过程中需要进行外部知识转移，对外部企业来说，只要转移知识的收益大于企业转型可能会带来的竞争损失，就可以进行知识转移，因为除此之外它没有额外的知识创造成本。

（二）来自知识传播性的动因解释

知识的传播是指知识可以在空间和时间上进行传递。从空间上来说，知识可以在全球范围内，甚至可以跨越地球，在整个宇宙中进行传递。在知识经济时代，信息技术高度发达，各种有线电视网、固定电话网、手机的无线通信以及互联网，都使知识在空间上的传播速度越来越快。与其他物质资源相比，土地资源是无法在空间上进行传递的，劳动力以及其他物质商品尽管可以进行传递，但传播的范围和速度会受到诸多因素的限制，如国家政策、贸易壁垒、交通运输等。而知识只需要通过互联网就能在瞬间完成传递。即使是与能够通过网络进行快速传递的资金相比，知识传播还具有多向性和广泛性。

知识的传播性，使企业转型可以通过物理网络或虚拟网络途径（如广播、电视媒体、纸质媒体、网络等）获得知识而不必付出成本或者只付出很少的成本。这样低成本或无成本而有收益的事，作为具有有限理性的企业何乐而不为。

（三）来自知识的非消耗性和价值变化性的动因解释

知识的非消耗性是指知识在无形的使用过程中不存在有形损耗，可以反复使用，如此保证了知识在时间上的延续和空间上的传递。知识的价值变化性是指知识的价值是不断变化的。有些知识会随着时间的延续和多次使用而得到补充和完善，价值不断凸显，甚至增值；而有些知识会随着时间的推移、技术的发展、环境的变化而变得陈旧过时，价值日益递减。

企业要进行转型，也就是说企业要从一种形态过渡到另外一种形态（这种形态，可能和原来形态属于同一行业，也可能和原来形态不属于同一行业），一是可以充分利用知识的非消耗性节约成本，同时保持一定的生产、经营管理的延续性；二是可以充分利用知识的价值变化性、价值增值性，不断进行知识转移，实现价值增值，促进企业发展。知识的价值递减性是指一定时间段内不充分转移利用知识，导致知识没有得到充分利用。而随着知识的价值耗损，企业会后悔在开始时过分保护和控制知识。

（四）来自知识不可逆性的动因解释

知识的不可逆性表现在：如果知识已经传播开来，他人已经理解掌握知识，就不可能再回到原来状态；人如果具有了知识，如果不采取非人道的措施，就不可能剥夺。这是知识有别于土地、自然资源、资金等物质财富之处。

知识的不可逆性决定了企业在转型过程中可能通过一次性成功的知识转移，获得永久的知识掌握，如此今后知识运用的成本会逐渐递减，直到为零。所以从这个意义上来说，知识转移，有利于企业的长期发展，这是一次投资长久收益的好事。

（五）来自知识依附性的动因解释

知识的依附性是指知识不可能独立存在，它一般都嵌入一定的载体，载体消失，知识就随之消失。知识依附之载体具有多种形式，如电子储存器、书籍、人、网络、物理形象等。

知识的这种依附性意味着，知识依附载体形式的多元化和大众化决定了知识扩散和转移的价值。知识依附载体的流转，就是知识转移的实现。企业转型过程中原有的大量原材料、设备、厂房、电子数据、知识型人才、文件、书籍资料等都是知识的丰富载体，充分利用这些载体也是其知识转移的必然要求。

（六）来自知识分散性的动因解释

知识的分散性指知识分散于各个地方，浩如烟海，每个载体，包括每个人，所承载的知识都是非常有限的。知识的分散性意味着，任何人或载体掌握的知识都不可能是绝对有用的、完全的，都是有限的、部分的。所以，具有不同知识容量的企业间有进行知识转移合作的必要。对企业来说，要想实现企业形态的转变，原有的许多模式与体制都要发生相应的改变，借鉴和转移其他企业的知识显然更加迫切。

二、基于降低交易成本的理论考察

（一）理论基础

英国经济学家科斯（Coase，1937）在1937年提出了交易成本理论，当时流行对自由经济学的考问，如果自由价格机制是协调和配置资源的最有效手段，那么大量企业存在的事实如何解释？许多学者没有给出令人信服的解释，而科斯给出了解释，他认为企业存在的理由在于企业内部在开展一些活动时相较于市场安排具有较低的成本，那么基于利润最大化的考虑，当通过内部开展一些活动比通过市场交易更经济时，这项活动就由企业承担，因此企业是价格机制的替代物。不过经济学家们对交易成本的界定仁者见仁，智者见智。Demsetz（1975）认为交易成本就是交换所有权的成本，新制度经济学把交易成本概括为所有与制度或组织的建立或变迁，以及制度或组织使用有关的成本。市场中的交易成本就是利用价格机制的成本，具体包括为完成市场交易而搜寻并获得准确的市场信息所付出的费用、谈判和签订契约的费用及监督和维护的费用等。对企业转型过程中的知识转移来讲，交易成本可以具体描述为以下三点。①知识转移伙伴的搜寻成本。为了转型成功，企业必须寻找合适的知识转移伙伴进行知识转移。但是由于不同企业具有不同的核心竞争力，具有不同的核心知识，因此企业必须在识别自身知识的基础上，花费时间和费用与潜在合作伙伴进行交流、沟通。当然随着知识经济时代信息和网络技术的迅猛发展，企业可以借助信息网络平台来寻找合作伙伴，如盟友推荐、网上招标、网上搜索等手段，从而降低寻找知识转移伙伴的成本。②知识转移活动的谈判签约成本。知识转移契约的达成需要双方讨价还价，需要预先谈好利益分配机制。当然随着现代管理科学技术（如各种 ERP 软件）与 PC 技术的发展，企业可以通过网络与谈判决策支持系统同知识转移伙伴进行在线谈判，从而减少传统的谈判签约成本。③知识转移契约的履约成本。这个成本包括建立知识转移通道及知识转移过程中涉及的各种成本，如知识转移平台建设成本、监督成本、伙伴关系维持成本、信息交流成本、契约调整成本等。外部竞争环境的优化、政治法律体系的健全、企业管理理念的变化、企业信誉信号识别的成熟、信息流动的顺畅，会使企业与知识源企业间的诚信度不断加强，纽带联系更加密切，长期可持续发展观念更加深入人心，双方的机会主义行为也会逐渐减少，从而企业监督合作伙伴或修改契约的次数会不断减少，相应的交易费用也会减少。同时，网络及通信技术的发展也会大大地降低转型企业知识转移的成本。

（二）假设与推理

考虑成本与收益，我们进一步利用博弈论来解释企业转型知识转移的动因。不妨做如下假设。

H1：转型企业的知识转移伙伴搜寻成本为 C_{t1}，知识转移的谈判签约成本为 C_{t2}，知识转移的契约履行成本为 C_{t3}，总的知识转移交易成本为 C_t，$C_t = C_{t1} + C_{t2} + C_{t3}$。

H2：知识源企业（即转移企业的知识转移伙伴）的谈判签约成本为 C_{p1}，知识转移的契约履行成本为 C_{p2}，总的知识转移交易成本为 C_p，$C_p = C_{p1} + C_{p2}$。

H3：转型企业与知识源企业进行知识转移的总收益为 R，分配系数为 λ，则，知识源企业从中获取的收益为 λR，转型企业从中获取的收益为 $(1-\lambda)R$。

H4：转型企业与知识源企业在知识转移活动中的留存收益分别为 R_t、R_p，且 $\lambda R > R_p$，$(1-\lambda)R > R_t$。

H5：转型企业与知识源企业均为风险中性者。

基于以上假设我们可以构建转型企业和知识源企业知识转移活动的博弈矩阵（表 3-6）。

表 3-6　交易成本视角的企业转型过程中知识转移博弈收益

		知识源企业（合作伙伴）	
	策略	转移（合作）	不转移（不合作）
转型企业	转移（主张）	$(1-\lambda)R - C_t$，$\lambda R - R_p$	$R_t - C_t$，$R_t - C_t$，R_p
	不转移（不主张）	R_t，$R_p - C_q$	R_t，R_p

从表 3-6 中可知，当交易成本 C_t 和 C_p 都很大（C_t，$C_p \rightarrow +\infty$），且（$1-\lambda$）$R-C_t < R_t$，$\lambda R-C_p < R_p$ 时，不难得出纳什均衡解为（不转移，不转移）；当交易成本 C_t 和 C_p 都很大（C_t，$C_p \rightarrow +\infty$），且（$1-\lambda$）$R-C_t > R_t$，$\lambda R-C_p > R_p$ 时，模型存在两个纳什均衡解为（转移，转移）和（不转移，不转移）；当交易成本 C_t 和 C_p 都很小，即 $C_t \rightarrow 0$，$C_p \rightarrow 0$ 时，不难得出，此时的唯一纳什均衡解为（转移，转移）。

（三）结论分析

再对上述讨论进一步分析，在知识经济时代，网络与通信技术的应用成为一种常态，这为转型企业降低了知识转移伙伴搜寻成本 C_{t1}、知识转移的谈判签约成本 C_{t2}、知识转移的契约履行成本 C_{t3}，从而为降低总的知识转移交易成本 C_t 提供了技术支持，也就是说转型企业与知识源企业建立知识转移契约从交易成本的角度来看是可能的、可行的。由此我们可以得出结论：交易成本 C_t 和 C_p 的降低是企业转型过程中进行知识转移活动的一个动因。

三、知识缺口弥补的理论解释

Donohue 和 Olien（1970）提出了知识缺口的概念。Zack（1999）从战略缺口的角度入手，通过战略缺口与知识缺口间关系的研究，提高了对知识缺口的识别度与分析研究的可操作性，认为企业的知识缺口是战略知识与实际拥有知识之间的差距，源于战略缺口，又与之相伴。Harder（2003）认为知识缺口源于组织当前缺乏知识，而且该类知识对于组织的生存和成长至关重要，他认为通过合作互动过程，可以利用共享伙伴的知识资源来达到弥补自身知识缺口的目的。樊治平（2002）在 Zack 的基础上运用 SWOT 方法分析了企业的知识缺口，并提出了两类知识缺口的弥补策略。党兴华等（2005）将企业技术创新中的知识缺口分为隐性缺口和显性缺口，并根据战略上的重要性选择了不同的弥补策略。综上所述，本书界定的转型企业的知识缺口为：由于外生或内生的原因，企业的知识供给不能满足转型知识需求而产生的差距。本书拟运用数理模型证明弥补知识缺口是转型企业进行知识转移的动因。

（一）理论基础

1. 信息与隐性知识维度的知识计量

知识作为知识管理的逻辑起点，对它的定义众说纷纭。研究知识的量化也不可避免地会遇到知识与信息的关系的问题，目前对知识与信息的关系的研究很多，莫衷一是。知识与信息的关系，归纳起来有以下 5 种。①知识是信息的

一部分。持有这样观点的学者很多，特别在法学界最多。例如，Frappaolo
（2006）认为信息就是显性知识，矫煜煜（2003）、王知津（2001）认为知识属
于信息。②信息是知识的一部分。该观点认为知识的概念比信息要宽，信息是
知识中 Know-what 和 Know-why 的范畴，称归类知识。而 Know-how 和
Know-who 属于沉默的知识，难以归类和量度，是信息所不能包括的。③信息
等于知识。例如顾基发（2009）"信息就是知识"，这种观点是现在比较流行的
技术学派的观点，计算机、信息及通信等研究领域的学者多持有这种观点。
④信息和知识呈交叉关系。例如，此观点认为显性知识同时也是信息的组成部
分。⑤信息和知识相离。两者是不同概念，不存在包含或交叉关系。持有这种
观点的人很少。这几种知识与信息的关系可用集合图的形式表示（图3-6），
其中 K 表示知识 I 表示信息。由图3-6可以得出这样的结论：对于①、③两
种情况，知识的计量可以通过信息计量的方法来实现；对于②和④两种情况，
②中信息以外的部分是隐性知识，④中与信息相交的部分是显性知识，其余部
分是隐性知识，所以这两种情况下，只要解决了隐性知识的计量，也就解决了
知识的计量，因为显性知识的计量可以借助信息的计量来实现；⑤只是基于字
面语义的区别的一种观点，持有此观点的人几乎没有，故本书不予以考虑。所
以针对前面四种情况，只要解决了信息与隐性知识的计量问题就可以解决知识
的计量问题。

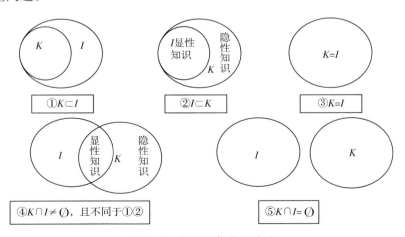

图3-6 知识和信息的关系

信息的计量主要有三种维度。一是基于数据量的信息计量，开创者是冯·
诺依曼的二进制逻辑思想，然后莱布尼茨确立了二进制的表示及运算方式（党

跃武，2006）；二是基于概率的信息计量，申农提出了科学的信息概念，对信息的量化描述问题做出了重要贡献，用概率的对数表示随机事件发生可能性的大小，信息是具有两种以上可能性的信息，他用信息熵来计量信息，随后卡尔纳普和希勒尔又提出了基于一般逻辑的语义信息测度等；三是基于经验的信息计量，主要研究有布鲁克斯基本方程式一、二，沃尔肯斯泰因提出的信息使用价值的计算公式，谢康等（1997）的广义信息资源的测度等。信息计量所采用的方法有很多，如信息计量法、引文分析法、社会调查法、评估研究法、层次分析法等。

对隐性知识的计量目前虽然研究得不多，但成果斐然。隐性知识具有很高的不确定性，测量工作比较困难和复杂。斯腾伯格认为对隐性知识可以有效地加以测量，Sternberg 和 Wagner（1985）根据隐性知识的结构为管理者、销售者和军事领导者设计开发了"隐性知识量表"，测试隐性知识水平的高低。随后 Debbie Richards 和 Peter Busch 基于斯腾伯格等人的理论，根据形式概念分析方法对被试者在隐性知识测试中的差异进行了建模分析和比较，使数据可视化，进而分析测量。马伟群和姜艳萍（2004）依据个体知识能力的特性及其表现程度，提出了个体知识能力的模糊测评方法。夏德和程国平（2003）将隐性知识分为表象、灰色、白化三类，并辅以统计方法。王君、樊治平（2003）提出基于 Multi-Agent 的组织知识获取模型框架，并且给出了知识计量方法。闫靠和邓尚民（2009）通过个体隐性知识测度，建立了多组织间知识转移的数学模型。曹勇（2010）开发了影响隐性知识转化效果的 16 项指标，并运用层次分析法构建了测度技术转移中隐性知识转化效果的评估模型。李香林（2004）用 DEA 方法对隐性知识进行了测度。

2. 直接维度的知识计量

不少学者直接对知识进行了计量。Reich（1995）提出从价值的角度对知识进行测度，Carl Frappaolo（2006）提出直接用投资收益来衡量知识，张献勇（2008）采用知识熵的方式对知识进行计量，王昊（2007）提出通过知识审计的方法对知识进行计量，并介绍了技术经纪人法、斯堪的亚导航仪法、无形资产监视器法、HyA-K-Audit 方法、Jay Liebowitz 知识资本审计方法、弗朗霍夫知识资本审计方法以及核心能力审计方法，King A. W.（2003）探讨了测度知识的方法与框架。Fung（2002）提出依据专利统计测度知识强度，Dstefano（1999）通过对智力资本的测度来测度知识。

在知识可计量的基础上，可以建立企业转型知识存贮模型，求解知识驻点，然后进行分析，理论逻辑框架如下（图3-7）。

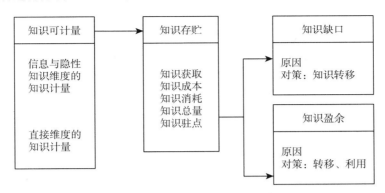

图3-7 基于知识缺口的知识转移动因解释研究模型

（二）模型设计和验证分析

1. 企业转型知识存贮模型建立

企业转型过程中需要消耗各种知识（隐性或显性），如技术、经济、政治、文化知识等，以便企业顺利完成转型。企业配置知识硬件设施、设计与更新门户网站、获取知识、绘制知识地图，进行知识开发、知识锁定、知识共享、知识利用等都需要付出成本，其知识源企业在提供知识时也会有成本—收益的考虑，企业在知识缺乏时会存在转型的困难，带来不可估量的损失，所以确定合理的知识存量对企业转型的顺利进行很有必要。本书借鉴实体产品存贮模型对企业的知识存量进行分析。

（1）模型假设。

H1：转型企业每隔单位时间 T 进行一次知识获取（获取形式包括技术引进、员工教育培训、外出考察、内部交流、门户网站搜索等），知识获取量为 Q 单位。

H2：知识获取成本为 C_1，体现为技术引进、知识型人才引进等，知识存贮成本为 C_2，主要体现为知识型员工工资、显性知识的存储支出，如技术图纸的保管费用，知识地图的绘制与更新费用等。

H3：知识均匀消费，每单位时间消费量为 r 单位，虽然知识不是均匀消费的，但本书主要进行总量研究，这样假设只是为计算方便，不影响结果。

H4：知识缺乏时，每单位时间每 r 单位知识缺失造成的损失为 C_3，一般来说这种损失巨大。

（2）提出问题。可否确定 T、Q 使转型企业知识总成本 C 为最小？

（3）建立模型。设第 t 时间的存贮量为 g，则 q 是 t 的周期函数，周期为 T，且

$$q=Q-rt \quad (0{\leqslant}t{\leqslant}T) \tag{3-1}$$

$q(t)$ 的图形如图 3-8 所示，当出现知识缺口时，$q(t)$ 为负值，因此知识在 $t=T$ 时完全陈旧（消费完、需要更新），其中

$$T_1=Q/r<T \tag{3-2}$$

因此一个周期内虚拟企业的知识存贮成本等于 C_2 乘以图 3-8 中三角形 A 的面积，A 的面积即：

$$A=\frac{1}{2}QT_1 \tag{3-3}$$

当出现知识缺口时，造成的损失等于 C_3 乘以图中三角形 B 的面积，B 的面积为：

$$B=\frac{1}{2}r(T-T_1)^2 \tag{3-4}$$

则总费用 C 为：

$$C=C_1+\frac{1}{2}C_2QT_1+\frac{1}{2}C_3r(T-T_1)^2 \tag{3-5}$$

又因为 T 是可变的，本书的目标是日均成本为最小，把式（3-5）两边同时除以 T 得到日均成本 C，

$$C=\frac{C_1}{T}+\frac{C_2Q^2}{2rT}+\frac{C_3(rT-Q)^2}{2rT} \tag{3-6}$$

令

$$\frac{\partial C}{\partial T}=0, \ \frac{\partial C}{\partial Q}=0$$

得

$$T^*=\sqrt{\frac{2C_1}{rC_2}\cdot\frac{C_2+C_3}{C_3}} \quad Q^*=\sqrt{\frac{2C_1r}{C_2}\cdot\frac{C_3}{C_2+C_3}} \tag{3-7}$$

这一点可以称为知识驻点，若不允许出现知识缺口，即 $C_3\to+\infty$ 如可得

$$T^*=\sqrt{\frac{2C_1}{rC_2}} \quad Q^*=\sqrt{\frac{2C_1r}{C_2}} \tag{3-8}$$

式（3-7）是允许出现知识缺口时的表达式，式（3-8）是不允许出现知识缺口时的表达式。可以推出：①允许出现知识缺口时，知识获取的周期可以增大，知识获取量减小，很容易理解 T 和 Q 成反比；②当 $Q>Q^*$ 时，出现知识盈余；③当 $Q<Q^*$ 时，出现知识缺口。

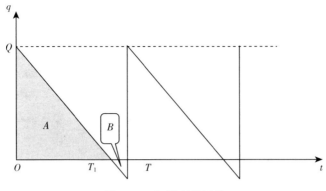

图 3-8 知识存量函数

2. 模型结果分析

①当 $Q > Q'$ 时，出现知识盈余。知识盈余的原因主要是企业转型过程中初始形态的一些知识要淘汰，或者对企业中的隐性知识估量过低，或者是企业转型初期存在过多的激励。当出现知识盈余时，可以采取相应的对策：一是可以放慢知识获取速度，延长知识获取周期，或者降低每次获取的知识量；二是可以加快转型进程、扩大转型规模，使知识的作用充分彰显与发挥；三是可以进行长周期的知识投资，如建立网上培训系统、建立知识推送系统、引进与建立自学习技术与系统、购置可视化工具等。②当 $Q < Q'$ 时，出现知识缺口。本书采用 SWOT 法分析企业的知识优势、弱点与面临的机会、威胁，在此基础上找出企业知识的供需缺口（图 3-9）。

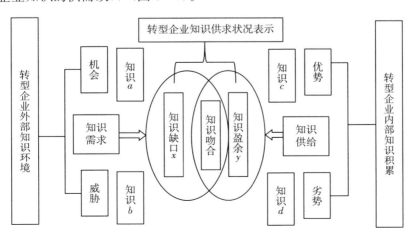

图 3-9 基于 SWOT 的转型企业知识缺口分析

图 3-9 中知识 a 和知识 b 构成了转型企业的知识需求，而知识 c 和知识 d 构成了转型企业的知识供给，知识吻合就是企业转型需要且企业具有相应的知识，知识缺口 x 表示转型企业并不具备企业转型需要的知识，知识盈余 y 表示转型企业拥有对企业转型而言无关紧要的知识。通过分析转型企业的知识需求与知识供给得到其知识缺口，弄清企业内部的知识优势与知识劣势，找到弥补知识缺口的方法，可以此来开发或创造外在环境的机会，或尽量避免威胁以创造价值。

弥补知识缺口的对策只能是知识转移。具体来说，有三种途径：一是通过内部知识转移，可以自主开发知识，其特点是需要较多的人力、物力和时间成本；二是通过市场知识交易弥补知识缺口，其特点是所需时间短，但是费用高且不能获得所需的隐性知识；三是通过并购获取知识，其特点是需要巨大的资金支持，存在很大的风险，也可能会出现转型企业内跨文化障碍增大，影响转型企业的凝聚力、信任感及创新精神，使获取知识所需时间长、见效慢。企业在转型过程中进行知识转移时，可以通盘考虑，趋利避害，综合利用以上三种方式，通过知识转移获取有价值的隐性知识，发展解决问题和开发新知识的潜能。

四、知识创新的目标导向动因

（一）基于知识创新导向的转型企业内部的知识转移

Inkpen（2006）的研究表明，伴随知识经济的发展，企业在转型过程中以获得外部技术知识为根本目的的知识转移活动不断增多。在知识经济情境下，Puri（2007）提出市场环境要求知识创新合作以敏捷联盟的形式出现，知识转移合作就属于这种敏捷而灵活的联盟形式。知识经济时代，Anand（2007）认为企业转型与知识转移相结合是一种必然，也为本书提出了一个新的问题：怎样描述企业转型过程中的知识转移与知识创新的关系。Nonaka 和 Takeuchi（1995）把知识分为显性知识和隐性知识，并通过社会化、外部化、结合化与内部化的 SECI 模式来描述知识创新的过程。Nonaka（1998）提出了知识创新情境 "Ba" 的概念。"Ba" 指知识转移的场所或空间，这里所说的空间是一个特定时空，它可以是有形的（如转型企业的厂房或写字间），也可以是无形的（如 MSN、电子数据传输、网络工具等），还可以是心智上的（如分享经验、沟通观念等），当然也可以是任何上述空间结合的场所。Nonaka（2000）又进一步拓展了知识创新的理论，把 SECI 过程和 "Ba" 结合起来，认为知识创新是概念化的辩证思考流程。综合野中郁次郎这三篇有名的文献，不难看出他的思路：过程→时空→思维→知识创新。从知识转移的角度可以这样理解：在一定的时空内完成知识转移，通过辩证思考最终达到知识创新的目的（图3-10）。由图3-10可以看出：SECI通过知识转移路径导向知识创新，"Ba"为知识转移提供场所，进而导向知识创新。也就是说知识创新是知识转移的目标或目的导向的原因。结合转型企业，可以认为从转型企业内部来看，知识创新是转型企业知识转移的目标动因。

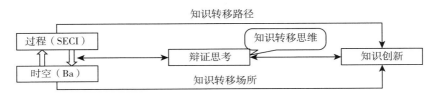

图3-10　基于Nonaka理论的知识转移与知识创新的关系

资料来源：依据Nonaka的三篇知名文献整理设计。

（二）基于知识创新导向的转型企业外部的知识转移

现存的知识创新模式大多强调企业内部研究，忽略了企业与外部知识的互动。但是在企业转型过程中，企业的知识创新是与企业内、外部的知识转移过程密不可分的。Miller和Fern（2007）认为实现知识创新的方式有两种：一是知识在量上没增长，但经过重新组合，知识体系发生了根本改变；二是知识在量上有增长，创造出了新的知识。大多数知识创新既有量上的增长，也有体系的变更与重组。上述两种知识创新模式中，知识转移都发挥了重要作用。知识体系的改变，正是通过知识的搜寻、传递、整合的过程实现的，也就是说知识创新是建立在知识转移基础上的。可以根据上述理论解释转型企业知识转移与知识创新间的动态关系，进而借转型企业与外部知识源企业间的知识转移活动说明企业转型过程中知识转移的动因。转型企业在知识创新过程中，先从多种渠道汇集相关知识，这是知识的学习和转移的过程。然后，对所获得的知识进行转换，以实现社会化、外部化、结合化及内部化的过程，这些过程与知识的转移是密不可分的（图3-11）。

结合图3-11，可以总结出以下四点知识转移与知识创新的关系。第一，知识转移为创新提供了便利的条件。在企业转型的准备和开始阶段，转型企业通过显性知识的转移，不断为转型企业创新积累知识。这个阶段显性知识到显性知识的转移使转移后的转型企业知识的编码性规范、复杂性降低、专有性增

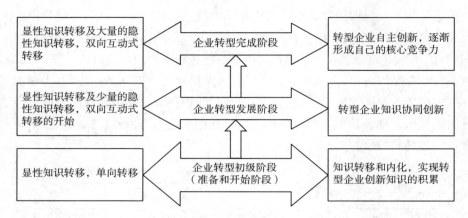

图 3-11　企业转型各阶段知识转移与知识创新的关系

强，掌握和利用起来更方便。隐性知识转移为显性知识也为创新提供了便利的条件。相比较而言，从显性知识到隐性知识的转移过程中，创新的范围最为广泛。第二，知识创新的实现有赖于知识转移。企业转型发展阶段，既有显性知识转移，又有隐性知识转移，两者结合，可使转型企业更为有效地利用转移过来的知识，与知识源企业的协同与合作更为融洽，可以方便地促进转型企业集成创新。第三，知识转移以创新作为直接目的。在企业转型的完成阶段，或者说成熟阶段，隐性知识的转移增多，双向式的知识转移成为转移的常态，转型企业与其伙伴的合同向纵深发展，转型企业利用转移来的知识可以实现自主创新，并逐渐形成自己新形态下的核心竞争力。第四，知识创新和知识转移是一个耦合过程。纵观四个阶段，转型企业的知识转移活动，随着企业转型由初始阶段到成功阶段的推进，知识转移的类型也由显性到隐性不断加深，独特的隐性知识转移的增多便利了转型企业的自主创新。同时知识创新和知识转移是相互作用的，知识创新反过来也有益于知识转移活动的升级。

　　本质上，知识转移是知识所有权与使用权不同程度地发生转移和变化。相应地，这种转移和变化会造成知识被新的所有者和使用者所共享。如此一来，知识转移和知识创新就重合叠加在一起了。所以知识转移的过程体现了知识创新，知识创新的过程融入了知识转移。知识转移昭示着知识的流动，为创新提供了条件，同时知识转移还昭示着知识的利用和价值的实现。在此过程中时常伴有新知识的发现、发明、创造和应用，这就是创新。本书也从三个维度来解释转型企业外部知识转移对知识创新的促进作用，开放式学习为集群企业的知识创造提供了必要的外部信息；基于新的交易关系和人际关系而开展的企业外部知识学习活动为企业联结外部知识源和进行知识创造活动提供了新的"共同语境",这可以有效提高知识创新的效率;企业在与外部知识源企业的频繁互动中,不断地熟悉外部知识源,同时企业的编码知识与默会知识的转化能力也会不断增强,进而提高企业创造新知识的能力和效果。

第四节　企业转型中的知识转移特性

一、企业转型过程中的知识转移本体分析

知识是在社会实践中人们积累经验的总结,属于认识的范畴。企业转型过程中知识转移的关键投入和利润的重要来源是知识本体,企业生产都必须在知识的引导下才能正常进行,转型企业的运作过程及每项活动都需要有相应的知识与技术,支撑企业从一种形态到另一种形态的转变。企业在不同形态下,会形成和聚集独特的、差异性的知识。企业转型过程中知识转移的真正价值在于通过独特的知识识别、获取、传递、整合、创新机制,以转型企业原生形态的知识为基础,融合外部源企业的知识资源及能力,快速实现转型,满足市场的产品或服务需要。转型企业的知识源总体来说有两个,一个是原来形态的企业,其中具有新形态下仍然可以利用的知识;另一个是外部企业,其中具有企业所需要的,新形态下所需要补充的知识。转型企业的知识组成主要有:①凝聚于厂房设备及固定资产上的物化知识;②文件、档案、材料、说明书、电子数据等载体中的显性知识;③员工头脑中的知识;④固化在转型企业组织中的组织知识。

二、企业转型过程中的知识转移能力分析

企业转型过程中的知识转移能力主要是指转型企业学习(含有识别、理解)、吸收(含有整合、创新)内外部知识的能力。这种能力的高低决定了转型企业知识转移的后果。

(一)企业转型过程中的知识学习能力

根据 Senge(1992)的观点,在企业转型过程中,知识的转移、学习起着重要的作用,企业的学习能力是企业的重要资源,学习机制中员工间的互动和知识整合是决定性环节。转型企业的学习包括企业内部员工间的学习和向外部知识源企业的学习。转型企业要想实现成功转型的战略目标,形成核心竞争力,提升竞争优势,必须在内部有良好的学习氛围,同时有向知识转移伙伴学

习的强烈愿望，以此提高获取知识的能力，强化自身知识的保护意识。可以从以下三个方面分析学习能力。

1. 学习过程的知识认知能力

它是理解吸收知识的基础。企业知识源的开放程度以及与此相关的依赖程度和成员企业的业务相似程度会对此产生重要影响。知识源企业对转型企业的开放程度决定了知识转移的数量和程度，反映了两者间的信赖程度，进而会影响和制约转型企业对知识的认知与识别。Parkhe（1991）认为企业间的文化差异也会影响转型企业对知识源提供知识的熟悉程度、认知结构，对其知识体系的认识程度越深、文化相似度越高，转型企业的学习效果越好。对知识的认知能力越高，转型企业越能充分地对转移过来的显性、隐性知识进行获取和挖掘，转型企业的知识存量也就越多。因此，认知能力会决定转型企业学习的适应性。

2. 学习过程的知识消化能力

Lyles 和 Salk（1996）的研究表明，组织的创造性以及柔性对转型企业的学习有很大的促进作用。因为灵活的组织结构可以促进消化吸收能力由个人扩展到组织，这有助于转型企业与其知识转移伙伴之间灵活的沟通与交流，有助于隐性知识的社会化和外在化，有助于知识的高效整合与协调分布。转型企业本身的培训能力、文化状况及内部员工的努力强度、认知状况等会影响企业的知识消化能力。

3. 学习过程的知识应用能力

转型企业需将内化的知识与自身特点相结合，对知识进行集成、更新和运用，并创造出新的知识。由于从外部知识源转移过来的知识有其特定的背景和特点，转型企业在运用这些知识时，要用权变的思想，根据环境进行调整、改进和创造。知识的应用能力决定了知识创新的程度和结果，转型企业的转型目标和培训体系会对其产生较大影响。

（二）企业转型过程中的知识吸收能力

Cohen 和 Levinthal（1990）最早提出了知识吸收能力的概念，知识吸收能力是指认识、消化和应用新知识的能力。而后众多学者从不同视角对知识的吸收能力做出了多种界定。Lyles 和 Salk（1996）的研究表明，获取新知识的决定性因素是知识吸收能力，它反映了一个企业的组织柔性，而这种柔性对处于转型过程中的企业特别重要。Zahra 和 George（2002）提出，知识的吸收能力是指那些能够产生动态组织能力的一系列获取、转移、消化和开发新知识的组织路径与流程。综上所述，企业的知识吸收能力指的是企业识别、消化和运用外部新知识并将其应用于商业目的的能力，它与企业内部各位员工的个人知识吸收能力密切相关，但不是简单的加总。企业的知识吸收能力可以从以下几个方面来理解：一是知识吸收能力是企业在识别、获取及消化外部知识的基础上，与企业本身具有的知识进行有效整合并加以利用的一系列组织惯例和过程；二是知识吸收能力是建立在企业原有知识和经验积累基础上的，具有领域限制和路径依赖的特点；三是它存在于企业员工和企业组织两个层面，并且知识吸收能力的强弱最终体现在企业竞争优势的实现程度上。

（三）企业转型过程中的知识转移过程分析

1. 企业转型过程中的知识转移过程模型

对于企业转型过程中的知识转移，不同的知识管理流派对其的描述各不相同。本书采用比较流行的技术流派的观点，类比信息论的观点，将知识转移看作一个类似信息传递的过程。转型企业的知识转移主体包括转型企业（知识受体）和知识源企业，知识通过媒介进行发送和接收（图 3 - 12）。

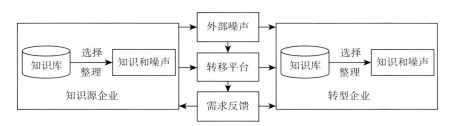

图 3 - 12　企业转型过程中的知识转移过程简易模型

转型企业在原形态已有知识存量的基础上，可依据企业转型的战略目标，识别可提升与达成目标的知识，建立知识转移平台系统，选择合适的合作对象，营造恰当的知识转移情境，剔除噪声，通过对知识源发送的知识进行接收、解码、调整、整合、应用、创新和反馈等环节转化为自己的知识存量，并与知识转移伙伴企业逐渐建立起适合知识内容和情境的渠道，形成知识转移的一般范式。在获取某项知识之前，存在信息不对称，转型企业（知识受体）对所要接收的知识了解并不全面，对知识源及其发送的知识的要求也是模糊的。同时转型企业在选择和整理发送方知识时也会受到知识发送方知识背景、形态、经验、态度、情绪和能力等一系列因素的影响。因为知识的模糊性和呈现方式的多样性，知识源发出的知识将不可避免地包含不同程度的噪声，并且知识在通过中介媒体也就是知识转移平台进行转移时还会受到外部噪声的影响。所以，转型企业在接收到知识后，必须先对这种含有大量噪声和干扰的知识进行过滤，然后再根据自己的知识基础、经验、感受等进行理解和判断，有选择性地接收有用的知识。

2. 企业转型过程中的知识转移过程分析

依据 Szulanski（2000）的理论，企业转型过程中的知识转移同样可以划分为发动、实施、提升、整合四个阶段。

（1）发动阶段（initiate）。知识转移的初始阶段，主要是发现有价值的知识，并决策是否转移该知识。一旦有知识转移的需求出现，转型企业就会对潜在知识源进行搜索和识别。知识识别的困难在于知识的内隐性、复杂性以及专用性。识别后，在对该知识进行转移决策时，需要进一步确定转移过程中的成本、时间以及知识发送与接收双方的责任。因此这个阶段主要受到知识运用过程中的因果模糊性、知识本身的有用性以及转型企业被知识源依赖的程度等多个因素的影响。

（2）实施阶段（implement）。本阶段，转型企业和知识源间建立起特殊的关系。转型企业通过员工交流培训、人员轮换、技术引进、专利购买、在线交流等多种方式接受知识，这时转型企业还没有在生产实践中运用转移来的新知识解决实际问题，只是"干前学"（learning before doing）。本阶段的主要目标是保证知识顺畅流动，维持和知识源企业间的合作关系，这种合作关系会受到其转移动机等因素的影响。

（3）提升阶段（prompt）。当转型企业开始在实践中运用转移来的知识解决问题时，知识转移过程就进入了提升和调整阶段。这个阶段，转型企业面临更加复杂的情况，需要对转移来的知识进行调整以应用于本企业特定环境中，在调整过程中运用新知识解决实际问题，加深对知识的理解，最终实现满意的知识绩效。其实质是"干中学"（Learning by Doing），掌握并运用知识。这个阶段转型企业把外部知识引进来后，会通过运用达到内化的目的。本阶段的主要影响因素有知识因果模糊程度、转型企业的知识吸收能力。

（4）整合阶段（integrate）。这是转型企业把转移来的知识进行进一步内化的过程，关键目标是将获取的新知识融入整个转型企业的经营之中并使之成为企业运作的一种流程、制度、规范或惯例。整个阶段的本质是企业员工知识向组织知识的转变。Nonaka（1991）认为知识内化过程涉及个人、团队、组织，且不同的层面起着不同的作用（图 3-13）。个人层面，主要是对隐性知识进行理解、掌握、诠释，同时将其转化为易于理解的显性知识，并进行创造。团队层面，关键是知识的内部化，这是将显性知识转化为隐性知识的过程，即对个人层面的知识进行加工使其与团队知识整合，使个人知识的潜质得到开发，从而创造出更多的新知识，并通过对新隐性知识进行解释，使其转化为组织知识。在组织层面，主要活动是将新知识内部化和制度化，即将团队知识与组织知识融合，挖掘团队知识的潜质，创造出新的组织知识，并将新知识规范化和制度化，将其再通过相关机制传递给团队和个人。

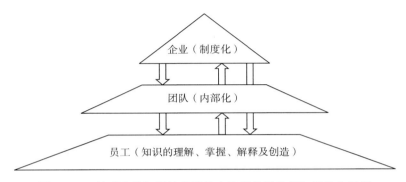

图 3-13 转型企业知识转移的整合阶段各层次间知识转化示意

第四章

企业跨项目知识转移研究

跨项目知识转移的理念早已在项目管理知识体系中得到体现，只是早期尚未被作为明确的概念提出。比如，1997 年推出的国际标准 ISO 10006 明确将"项目管理经验总结"作为独立的知识模块，美国项目管理协会推出的 PM-BOK Guide（2008）规定，要将一个项目的范围变更控制的文本存入组织知识库，以备执行组织其他项目所用，等等。其实，不管是项目管理经验总结，还是项目管理经验编码化并进行文本存储，都是为了将一个项目实施过程中的习得知识积累下来，为后续项目选择使用，这实质就是跨项目知识转移。

第一节　企业跨项目知识转移的概念与关键要素

一、企业跨项目知识转移的概念

跨项目知识转移与知识转移具有共性特征，因而有必要先了解知识转移的内涵。对于知识转移[①]，不同学者基于不同的研究视角，给出的定义有所不同。大多数研究从沟通理论视角，将知识转移视为知识源将知识传递给知识接受方的活动，强调知识转移包括知识发送和知识接收两个子过程，以及知识转移媒介和组织管理能力在知识转移过程中所发挥的作用。另外一些研究从知识转移影响知识接受方的角度认为，知识转移是拥有较少知识的接受方受到拥有更多知识的知识源的经验知识影响的过程，强调知识吸收与运用的重要性。还有一些研究从认知心理学的角度，将知识转移定义为如何将一个情境下的知识应用于另一个情境的过程，强调情境在知识转移过程中的重要性。已有研究将

---

① 有部分学者将知识共享与知识转移交互使用。但是，与知识共享相比，知识转移的目标、主体和流动方向更为明确（林东清，2005）、更符合本书的研究情境。

知识转移定义为在一定的情境下，一个主体（如个人、团队、部门、公司）采用一定的方式将知识转移到另一个主体并实现某种效果的过程，如图 4-1 所示。

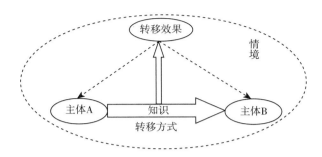

图 4-1　知识转移的含义模型

资料来源：左美云．知识转移与企业信息化［M］．科学出版社，2006.

知识转移的定义，主要基于沟通理论视角，并结合其他理论视角，认为跨项目知识转移是指依托于一定的组织情境和项目任务情境，基于一定转移方式，从知识源项目实施团队到知识接受方项目实施团队的关于项目实施相关知识的一种沟通活动，这一活动能使这些知识在知识接受方项目得到再利用。它是一种跨越项目边界的知识转移活动。跨项目知识转移的实现过程可用图 4-2 直观地展示。

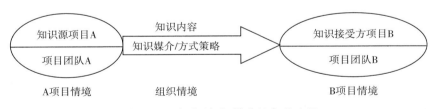

图 4-2　跨项目知识转移的实现过程

从图 4-2 可知，跨项目知识转移的实现有以下四个要点。

第一，两个项目所需知识的相似性是跨项目知识转移开展的前提条件。正如定义所说的，在跨项目知识转移中，项目实施相关知识从知识源项目实施团队转移到知识接受方项目实施团队。这说明知识源项目和知识接受方项目所用知识存在一定的相似性，或者说存在交集。以两个信息系统实施项目为例，它们各实施阶段使用的技术和实现手段存在一定的相似性，或者说不同项目相同实施阶段所用的某些知识是相通的，而知识的通用性构成了两个项目的实施团队相互转移和再用知识的基础。通过实地访谈了解到，只有当两个项目在任务上有合作时，它们的实施团队才会相互交流和探讨问题解决方案。

第二，跨项目知识转移的主体是两个项目的实施团队。跨项目知识转移依托知识源项目和知识接受方项目，其真正执行者是这两个项目的实施团队，以下简称知识源项目团队和知识接受方项目团队。由于在不同时间点上，知识转移往往是交互进行的，每个项目团队都有机会扮演这两种角色。比如，在某一时间点，A 项目团队向 B 项目团队转移知识，此时 A 项目团队、B 项目团队分别是知识源项目团队和知识接受方项目团队；但在另一个时间点，A 项目团队反过来向 B 项目团队学习知识，此时，A 项目团队、B 项目团队则分别是知识接受方项目团队和知识源项目团队。为简化分析，我们主要考虑和研究作为知识源的 A 项目团队向作为知识接受方的 B 项目团队转移知识的情况，当然，这一过程包含 B 项目团队的学习过程。

第三，跨项目知识转移的过程是明确地将知识从知识源项目团队转移到知识接受方项目团队的过程，这有两层含义。一是在某个时间点，知识源项目实施团队拥有知识接受方项目实施团队所没有的知识，而这些知识又是后者所需要的，也就是说存在知识"势能"的差距。正是这种势差刺激跨项目知识转移的发生。二是跨项目知识转移的知识源项目与知识接受方项目是配对的、明确的。但实践中存在这种情况，即一个项目在实施过程中积累的各种知识和经验同时为其他多个项目所用，或一个项目积累的各种知识和经验在项目结束之后为其他项目所用，知识接受方项目不明确，也不唯一。在这些情况下，一个项目的有用知识再用后的效果往往难以用一个明确的项目绩效来衡量，因而不属于本项目讨论的范畴。

第四，跨项目知识转移的目的是实现知识的跨项目再用。单个项目团队内部知识转移主要目的是通过促使项目实施所涉及的各领域知识在不同干系人之间流动，以更好地完成同一个项目。而同一个企业内部不同项目间知识转移则主要是为了使知识接受方项目能够借鉴和再用知识源项目的成功经验和失败教训，以便更快捷地、更高效地实现预期的项目目标。

值得注意的是，跨项目团队知识转移不同于跨团队知识转移，这是因为跨团队知识转移一般是指两个职能团队之间的知识转移，职能团队在团队结构、任务期限、工作过程以及地理位置等方面相对稳定，而项目团队是临时的、动态的，随项目的启动而组建，随项目的结束而解散。因此，与跨团队知识转移相比，跨项目知识转移显得更复杂。

二、企业跨项目知识转移的关键要素

根据图4-2，同时借鉴已有的知识转移关键要素研究，可提炼出跨项目知识转移关键要素。Albino等人提出知识转移分析框架应当包含转移主体、转移内容、转移媒介和转移情境四个核心要素。对知识转移影响因素做经典实证研究的Szulanski指出，组织内部最佳实践转移包括知识特征、知识源和知识接受方特征以及转移情境这些核心要素。进一步讲，Cum-mings和Teng将转移活动列入知识转移的关键要素中，实证考察所转移知识特征、转移主体特征、转移活动和转移情境这四个关键要素对新产品研发团队间知识转移的影响关系。其中，"转移活动"包括使用相应的知识转移方式（如文档、会议、培训、参观）等。综合这些研究可归纳得到，内容、主体、媒介、方式和情境都是知识转移的关键要素。因此，结合跨项目知识转移的定义和知识转移的关键因素可推断，跨项目知识转移的关键因素包括知识内容、转移主体、知识媒介、转移方式和转移情境。

（一）企业跨项目知识转移的内容

跨项目知识转移的内容或对象是与项目实施有关的知识。这些知识包括技术知识、业务领域知识、合作关系方面的知识、产品知识等。现有文献大多将跨项目转移的知识分为两大类，即项目过程知识和项目产品知识两大类。这些知识具有内隐性、嵌入性、可获得性和可转移性等特征。Newell等人还较深入地分析了跨项目转移知识的性质，认为这些知识既有认知视角的个人拥有型知识，也有社区视角的实践型知识。

（二）企业跨项目知识转移的主体

由图4-2可知，知识源项目团队及其成员、知识接受方项目团队及其成员是跨项目知识转移的两大重要主体，前者是项目知识的提供者，后者是项目知识的接受者。这两大主体的特征备受现有研究文献的关注。这些特征有项目成员参与跨项目知识转移活动的意愿，社会资本（包括转移主体的期望以及彼此间的互动强度、信任关系、共同语言等），等等。

（三）企业跨项目知识转移的媒介

早期知识转移研究文献中的知识媒介主要涉及承载知识的图片、视频、文档等物质载体，后来日益关注联结知识源和知识接受者的知识中间人或知识中介的作用，相关的研究也逐步增加。Newell等人通过案例研究得出，知识中介（Intermediaries）能将不同项目的人连接到同一项知识上，协助作为知识接受方的新项目团队成员寻找和获取一些共性的、关于如何做的知识，因而在跨项目知识转移中起桥梁作用。Pemsel 和 Wiewiora 通过对多个项目型组织的案例研究发现，项目管理办公室也是项目间知识转移的重要中介。国内有学者将此位置上的知识工作者称为非项目代理人，认为他们是企业相对独立的咨询者，并与直接承担项目的项目代理人就新问题、新机遇、新挑战等问题进行沟通，这种沟通成为跨项目知识共享的一种形式。从总体上看，当前项目管理领域研究主要关注个体层面知识转移过程中的知识中介，较少研究项目层面知识转移的知识中介，知识中介支持工具的改进、知识中介对项目绩效的影响以及知识中介的社会性是值得探索的三个研究方向。可见，跨项目知识转移情境的知识中介是未来可研究的一个主题。

（四）企业跨项目知识转移的方式策略

目前国内外学者对跨项目知识转移方式策略的研究主要基于编码化和个性化这两种经典的知识管理机制而展开。在国外，Aoshima 在实证研究后得出，跨项目知识转移机制主要有两种：一种是人员机制，即知识源项目的团队成员参与知识接受方项目，将前者的项目知识转移和再用到后者，这种方式有助于复杂知识的跨项目转移；另一种是标准化机制，如文档转移，它更适合简单知识的跨项目知识转移。Newell 等人通过案例研究得到，跨项目知识转移方式有基于信息技术的文档传递和基于社会网络的人际互动，而且，与前者相比，后者转移的是有利用价值的项目过程知识（如项目实施经验），因而其跨项目转移的效果更好。Boh 则进一步将知识的可编码化程度与正规化程度相结合，将跨项目知识转移与共享方式细化为制度化的人员机制（Institutionalizing Personalization Mechanisms）、制度化的编码化机制（Institutionalized Codification Mechanisms）、个性化的人员机制（Individualized Personalization Mechanisms）和个性化的编码化机制（Individualized Codification Mechanisms），并通过多案例研究探讨了这些机制在不同情境下的适用情况。

在国内，王能民和汪应洛等人亦根据知识类型提出，对于项目总结等外显知识，可采用编码化策略；对于难以编码的内隐知识，可采用语言调制方式和联结学习方式。另有学者认为，项目成员通过编译化的方法向组织知识库共享知识，其他项目成员再通过组织知识库获取知识的项目—组织—项目模式是项目间知识共享的主要方式。

不同的跨项目知识转移方式具有不同的适用情境，所产生的效果也有所不同。Soderquist 和 Prastacos 的案例分析结果显示，大多数公司强调在项目之间转移"拥有有用知识的人"（People Possessing Valuable Knowledge），而不是在项目结束和评估之后，在人与人之间转移"有用的知识"（Valuable Knowledge Between People）。这主要是因为个人往往会将知识视为一种权力而不愿意共享知识，新产品研发知识的内隐性以及项目时间紧迫性等的限制，产品研发经理认为跨项目知识转移依赖于人比依赖于知识更"安全"。因此，要有效地实现跨项目知识转移，需要综合项目任务特征、知识特性等多方面因素，选用合适的转移方式。

（五）企业跨项目知识转移的情境

跨项目知识转移具有很强的情境依赖性。不管是项目过程知识还是项目产品知识，都嵌入到项目实施过程中，对项目的所处环境、所依赖技术以及运营因素等依赖程度很高。Engwall 就认为，撇开嵌入特征非常明显的隐性知识，显性知识的跨项目转移固然重要，但这些知识背后的项目情境（即项目历史和环境）更为重要。他通过案例分析发现，项目管理的成功更大程度上依赖考虑项目的情境依赖性，而关注技术的项目成功往往只是一个项目的成功，是基于某一特定的环境的，这样的成功在不同项目或不同情境下可能是失败的。由此可见，情境因素在跨项目知识转移中是非常重要的。

知识转移情境有广义和狭义之分。广义的知识转移情境涉及任何影响或解释知识理解与应用的观念、事物、行为、行为背景等。比如，Szulanski、Cummings 和 Teng 都将影响企业知识转移的知识特征、知识源与知识接受方的特征、转移渠道等关键因素视为情境。狭义的知识转移情境仅指知识在转移过程中所依托的背景或环境，如组织制度。为将情境与关键要素区分开来，本书采用狭义的跨项目知识转移情境。由于跨项目知识转移直接依赖于知识源项目和知识接受方项目实践而展开，同时也离不开组织因素的激励和保障，因此，项目情境和组织情境是重要的跨项目知识转移情境。

对于跨项目知识转移的项目情境，现有文献关注较多的项目情境有项目间任务相似性、项目紧迫性和资源相依性。由于项目间任务相似性意味着不同项目所需知识具有某种程度的共性特征，因而它是组织内部最佳实践转移的重要前提之一，是组织跨项目知识转移成功进行的一个基础条件。项目紧迫性可能会促使原本缺乏吸收意愿的项目团队成员为完成任务而从其他项目获取和利用有用知识。为完成项目任务，不同项目实施团队难免共享组织的数据、信息、人员、软硬件等，因而资源相依程度亦成为这些团队进行跨项目知识转移的另一重要情境。

对于跨项目知识转移的组织情境，借鉴 Gold 等人将知识管理组织架构划分为结构性架构、文化性架构和技术性架构的观点，从组织的结构、文化和技术三个方面进行回顾。在组织结构方面，传统的等级组织会阻碍跨项目知识转移，而正式组织与项目型组织相结合的动态结构形式则能起促进作用。另外，有研究显示，在组织中心设置知识管理部门、在职能部门设置知识管理单元以及根据项目将知识管理功能分权化，都是值得探索的跨项目知识转移的组织管理机制。在组织文化方面，鼓励创新、包容犯错的文化氛围适宜跨项目知识转移。在组织技术方面，群邮件、内部网、知识集成与共享平台、计算机辅助设计系统等现代化的技术工具，都是跨项目知识转移不可缺少的。

第二节　企业跨项目知识转移的类型与特征

一、企业跨项目知识转移的类型

分析视角不同，跨项目知识转移的分类也有所不同。根据一个项目结束与另一个项目开始之间是否存在时间间隔，项目之间的关系有两种类型：一种是并行项目，即两个项目是同步实施的，不存在时间间隔；另一种是串行项目（Sequential Projects），即在时间序列上具有明显的先后顺序。相应地，发生在这两类项目之间的知识转移分别被称为并行项目间知识转移和串行项目间知识转移（或新旧项目知识转移）。前者是指在一个"基础项目"（Base Project）还没结束之前，另一个项目从中转移和获取知识的过程；后者是指一个"基础项目"已经结束，另一个新项目从中转移和获取知识的过程，也称为新旧项目间知识转移，如图 4-3 所示。较多学者基于这一分类展开研究。Allen 重点分析了并行研发项目（Parallel Projects）中灵感（Ideas）的来源及其效果。另有学者分别讨论了并行项目间知识转移和串行项目间知识转移的过程。

在具体转移过程中，并行项目间知识转移和串行项目间知识转移存在一定的差异。首先，从知识流向看，串行项目间知识转移是单向进行的，而并行项目间知识转移可双向进行。这是因为串行项目或新旧项目在时间上具有不可逆性，知识只能由旧项目转移到新项目；而并行的两个 IT 项目的实施团队可以直接交互，它们可以相互扮演知识源项目团队和知识接受方项目团队的角色，向对方转移或学习知识。为了便于理解，图 4-3 简化了并行跨项目知识转移的流向。其次，从转移过程和机制看，并行项目可以在同一时间段内使用人员轮换、面对面沟通、文档、知识库等多种方式，交互转移和学习知识；而旧项

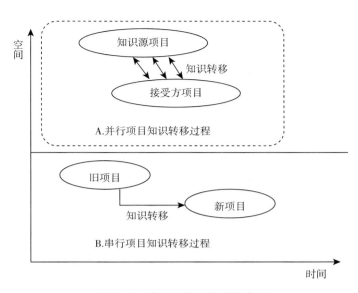

图 4 - 3　跨项目知识转移的类型

资料来源：根据文献（Nobeoka，1995；Nobeoka，Cusumano，1994）稍做修改。

目往往需要事先总结和整理项目知识（如编码化），才能向后续的新项目提供有用知识，这主要借助于知识库、专家库、人员转移等载体和方式来实现。

　　国内有学者根据横向广度和时间维度，将跨项目知识转移分为横向跨项目知识转移和纵向跨项目知识转移两种类型，前者是指在特定的时间点上知识在两个项目之间转移的活动，后者指在时间纵向维度上知识在新旧项目转移的活动。并且，吴涛强调，纵向跨项目知识转移的实质是企业知识继承，对于提高项目成功率和促进企业长期知识积累，在某种程度上显得更加重要。另有学者根据知识复杂程度和知识共享活动特征，将跨项目知识共享分为观念型知识共享和实践型知识共享，前者主要是对新思维、新观念等观念型知识的共享，偏向知识搜寻活动；后者主要是对具体实施方法等实践型知识的共享，偏向知识转化活动。还有学者借鉴 Dixon 的研究，根据所转移知识的显隐性特征、项目之间任务相似性等特征、所转移知识在组织中的战略重要性，将项目之间知识转移分为连续转移、近转移、远转移、战略转移和专家转移五类。

　　以 IT 服务项目为例，综合学者们提出的分类维度分析跨项目知识转移的类型。IT 服务企业是典型的以项目团队为单元完成组织任务的项目型组织，在某一段时间内往往有多个不同的 IT 项目在同时进行，这些项目之间都会不

同程度地发生跨项目知识转移活动，如图 4-4 所示。其中，跨项目知识转移
有的是单向的，有的是双向的。借助图 4-4，下面从 IT 项目实施的时空、地
点、团队和内容四个维度认识跨 IT 项目知识转移的类型。

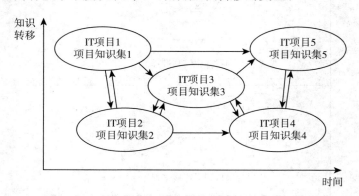

图 4-4　IT 服务企业的跨项目知识转移

第一，从项目实施的时空维度看，根据我们前期的调研发现，项目知识管
理做得比较好的 IT 服务企业，一个 IT 项目在需求分析开始之前或在处理项
目实施过程中的里程碑事件之前，一般都会先查看公司以前其他类似项目的实
施情况，以获取成功经验并避免失败教训。因此，IT 服务企业经常存在一个
IT 项目的实施团队向已经结束的另一个项目借鉴经验知识的情况，即发生如
图 4-4 中的项目 1 与项目 5 之间的知识转移，这两个项目在实施时间上明显
具有先后顺序。这种知识转移即为串行项目知识转移或新旧项目知识转移。其
次，同步实施的不同 IT 项目之间经常相互转移和学习知识，如发生在图 4-4
中的项目 1 与项目 2，以及项目 2 与项目 3 之间的知识转移。这两个项目在实
施时间上可能完全重叠，可能部分重叠。这种知识转移即为并行项目知识
转移。

第二，从项目实施地点看，如果两个 IT 项目在同一地点实施，它们的
实施团队之间可能在同一个地点进行知识转移。如果两个 IT 项目不在同一
地点实施，这两个项目团队往往需要借助某种方式进行知识转移。我们将这
两种情况的项目间知识转移分别称为本地跨项目知识转移和异地跨项目知识
转移。

第三，从项目实施团队看，有的是一个项目团队在完成一个 IT 项目后，
将其中积累的经验知识用于实施另一个新 IT 项目；有的是由不同的项目团队
来完成两个不同的 IT 项目，他们之间相互交流，但这两个团队各自的项目成

员可能完全不交叉，也可能部分交叉。相对应地，第一种为基于同一团队的跨项目知识转移，后两种为基于不同项目团队的跨项目知识转移。

第四，从项目实施内容看，IT 服务企业的跨项目知识转移既包括实施相同功能模块的两个不同项目之间的知识转移（如两个 ERP 项目之间的知识转移），也包括实施不同功能模块的两个项目之间的知识转移，如 ERP（企业资源计划）项目与 CRM（供应链管理）项目之间的知识转移。

以上不同分类的跨项目知识转移过程可用图 4-5 清楚地表示。其实，不同 IT 项目总处在一定的时空当中，或者在时间上串行，或者在空间上并行，基于项目实施的内容、团队和地点等不同维度分类的跨项目知识转移最终都可以划分为串行项目间知识转移和并行项目间知识转移这两大类。

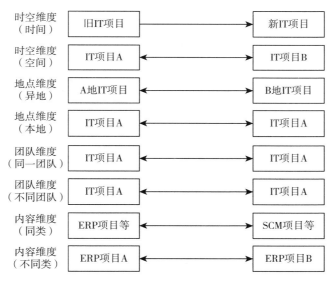

图 4-5 不同维度的跨项目知识转移类型

二、企业跨项目知识转移的特征

从跨项目知识转移的内在特征看，"跨项目"使得这一活动容易受到各种项目因素的影响，且其实现过程明显涉及不同层次的转移主体之间的知识交互。从外延特征看，IT 服务企业进行跨项目知识转移的主要目的在于追求高效和优化的项目实施绩效和提升企业的整体竞争力。因此，IT 服务企业跨项目知识转移具有明显的项目化、层次性和增值性等特征。

（一）项目化特征

如前所述，通过跨项目知识转移，IT 服务企业可将嵌入一个 IT 项目的相关知识转移和再用到另一个 IT 项目。很明显，这一活动一直受到项目工期明确、时间紧迫性、情境依赖性以及项目团队的临时性和动态性等项目特征的影响，有学者将这些特征称为项目化特征。因此，我们认为跨项目知识转移活动具有明显的项目化特征。

项目化特征使得影响跨项目知识转移的知识、主体、活动和情境等各主要因素具有不同于一般知识转移影响因素的特征。比如，跨项目转移的更多的是在不同项目之间具有一定通用性的各种知识，包括关于项目、存在于项目和产生于项目的知识；知识源项目团队和知识接受方项目团队必须具备跨项目人员互换学习、知识表达和知识编码化等能力；所采用的跨项目知识转移方式更多地采用项目中期回顾、后项目回顾、集体培训与学习等方式；跨项目知识转移除了受组织情境的影响外，还会受到时间紧迫性、情境依赖性等项目任务特性的影响。

很明显，跨项目知识转移的项目化特征是一把双刃剑。它一方面有助于IT 服务企业提高项目实施效率，提升整体的项目实施能力和市场竞争力，但另一方面会在一定程度上限制跨项目知识转移的深度，特别是会增加高内隐性知识的跨项目转移难度。因此，如何克服"项目化"特征的不利影响，增强其有利的促进作用，是 IT 服务企业跨项目知识转移需要面对的一个重要问题。

（二）层次性特征

知识转移的层次性指个人、项目团队和组织这三个层面之间的知识互动与知识整合。这同样适用于 IT 服务企业的跨项目知识转移。我们以 IT 项目 A 与项目 B 之间的知识转移为例来分析这一特征。

在知识源项目团队 A 内，成员个体之间相互转移和吸收知识、共同创造了某一情境下的项目难题解决方案。这些方案进一步被证明有利于提升项目实施绩效后，经总结、记录后被存储下来，成为项目团队记忆。这一项目团队记忆在供团队内部成员访问和使用的同时，构成组织项目知识库中的历史经验知识，并通过跨团队对话或访问组织项目知识库的方式，转移到知识接受方项目团队 B。

在知识接受方项目团队 B 内部，成员个体将这些知识与自身知识相结合，进行相互交流与讨论，用于解决新的项目实施问题，甚至提出新的解决方案。这些新方案同样经过价值检验、总结、记录，转化为有用的项目团队记忆，并存入组织项目知识库中。当然，项目 A 的团队成员与项目 B 的团队成员之间也会相互交流和共享知识。

在整个过程中，IT 服务企业不仅是个人知识和各项目团队记忆的集大成者，同时通过允许访问组织项目知识库的方式为个人和各个项目团队提供知识。因此，在 IT 服务企业内部跨项目知识转移中，在个体、项目团队和组织这三个层次不断发生的知识交互及其动态循环过程如图 4-6 所示。

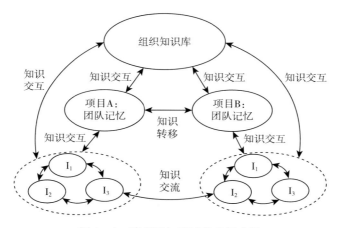

图 4-6　跨项目知识转移的层次性

（三）增值性特征

增值性是指跨项目知识转移对 IT 服务企业带来经济价值的特性。根据基于知识的企业理论观，一个企业实质上是一个巨大的知识池，里面的知识具有不同程度的核心价值性，有的知识能够对竞争对手构成基本的进入障碍，有的是竞争对手难以模仿和使用的，有的甚至能使企业获得长期的行业竞争优势。它们的共同作用是为企业创造财富和增加价值。这一规律同样适用于 IT 项目知识，而跨项目知识转移是发挥 IT 项目知识经济价值的一种重要途径。

根据知识效用大小，IT 服务企业跨项目转移的知识大致可分为两类：一类是关于"是什么"和"在哪里"的项目产品知识，如关于一个项目的规模、系统类型、用户特征等描述性知识；另一类是关于"怎么做"和"为什么"的项目实施过程知识，如已被证明有效地解决疑难问题的最佳实践等知识。第一类知识描述了知识源项目知识的适用情境，第二类知识则是知识源项目所产生的丰富的实施经验。这两类知识的结合构成了适用于特定情境的有用实践知识。

跨项目知识转移能够使接受方项目及时地获取和借鉴技术或管理方面的有用知识，减少探索新知识所花费的时间、资金等成本，提高项目实施效率和质量，更好地满足用户企业的需求。而这些活动的长期进行和经验持续积累，有助于 IT 服务企业提高整体的项目实施能力，同时可避免"重新创造轮子"而节省大量的成本。而提升的能力和节省下来的成本，将助力于 IT 服务企业投资和开拓新的项目业务，从而为企业创造新价值。

因此，跨项目知识转移具有明显的增值作用，甚至会因对已被证明有用的项目知识的创造性应用而起到事半功倍的效果。这对 IT 服务企业扩大盈利空间和提高市场竞争优势非常重要。

第三节　企业跨项目知识转移的影响因素

由于跨项目知识转移具有知识转移的共性特征，因此，根据一般情境下知识转移影响因素的研究框架可推断，跨项目知识转移的主要影响因素包括知识内容、转移主体、转移方式和转移情境。由于跨项目知识转移具有典型的"项目化"特征，离不开项目情境的影响，因而其情境要素至少包括项目情境和组织情境。因此，本书从知识特性、转移主体、转移方式、项目情境和组织情境这几个方面回顾跨项目知识转移影响因素的研究现状。

一、知识特性

讨论最多的影响跨项目知识转移的知识特征是内隐性，比较典型的要数 Newell 等人的研究。他们通过案例研究总结出，项目实施过程主要涉及两类知识——项目过程知识和项目产品知识。前者多是偏隐性的动态操作知识，如项目实施经验、项目沟通技巧等，后者多是偏显性的静态知识，如一些陈述性的项目目标或对象。项目过程知识对不同项目而言具有某种程度的共性，可直接再用或借鉴利用到其他项目中；而项目产品知识因不同项目各自具有的独特性，对其他项目的再用价值很低。这种与知识类型密切相关的内隐性会影响跨项目知识转移的效果。国内学者吴涛也讨论了知识隐性与显性对新旧项目间知识转移的影响。

还有学者认为，知识的可获得性（Accessibility）和可转移性（Transferability）是进行跨项目知识转移的前提。知识可获得性是指接受方项目团队能够在合适的时间和地点采用合适的方式获取源项目的知识。知识可转移性是指在去除源项目情境后，所转移知识的含义发生改变或丢失的程度。换个角度，知识可转移性的对立面是所转移知识对源项目情境的依赖程度，也即所谓的情境嵌入性。另有学者采用博弈分析方法对具有合作竞争关系的两个项目组间知识转移进行分析，指出项目组新获知识的价值、单位知识的转移成本、单位知识转移量对项目成本的影响值等会影响项目组间知识转移的积极性。

二、转移主体

主体因素涉及项目团队成员参与跨项目知识转移的意愿或动机、能力、付出的努力、团队间关系、网络关系等。现有文献对跨项目知识转移的意愿或动机的讨论较为丰富。Björkegren 提出了认知性封闭（Cognitive Closure）的概念，即项目团队成员根据自己的经验和知识确立对开展跨项目知识转移可能性的先验性认知，当项目成员认为项目独特性会导致跨项目知识转移活动难以开展时，他的先验性认知就处在封闭状态，就不会去获取其他项目的知识。Björkegren 通过案例研究得出认知性封闭会阻碍跨项目知识转移的结论。在进行跨项目知识转移的意愿方面，Disterer 认为，个人缺乏跨项目转移知识的意愿是 IT 企业跨项目知识转移的一个阻碍因素。Newell 等人的研究也证实，除非项目工作很紧迫，项目成员一般不会主动向其他项目团队获取和学习知识。其他学者也讨论了转移意愿、学习或吸收意愿会影响跨项目知识转移活动的开展。

在能力方面，Bakker 等人通过对 12 个知识转移项目案例的分析得到，知识接受方高水平的吸收能力是临时性项目与永久性组织之间知识转移成功的必要条件。国内也有学者讨论了基于时间轴的、纵向的知识转移，即新旧项目团队间的知识转移，认为旧项目团队的转移能力，新项目团队的保持能力、吸收能力和获取能力会影响这两个项目团队间的知识转移。

除了知识源与知识接受方的意愿与能力因素，Landaeta 通过定量检验得到：项目成员参与跨项目知识转移的努力影响跨项目转移知识的数量，进而影响项目绩效。另有学者分析得到，参与者的领导力、声誉、决策权会影响跨项目知识转移活动开展的有效性，知识源项目团队与知识接受方项目团队之间的关系状况也会影响跨项目知识转移。比如，杜亚丽构建了跨层次的项目社会资本对项目间知识转移的影响关系模型，并做了实证检验。另有学者分析了团队间的强联系与弱联系对跨项目团队知识转移的影响。

三、转移方式

Aoshima 在实证研究后得出，跨项目知识转移主要有两种机制。一种是人员机制，即直接将源项目的团队成员调用到接受方项目；另一种是标准化机制，如文档转移。其中，人员机制更有助于复杂知识的跨项目转移，而标准化机制更适合简单知识的跨项目知识转移。Newell 等人通过案例研究得出重要结论，与基于信息技术的文档传递相比，基于社会网络的人际互动能更有效地促进跨项目知识转移，因为这种方式所转移的主要是有利用价值的项目过程知识，如项目实施经验。Antoni 等人通过多案例研究发现，要避免有用项目经验的流失，一个组织需要采用多种战略来促进跨项目知识转移与分享，成功的战略有：使用构建得很好的产品开发过程、专业的全时项目经理和产品模型化（Modularization of the Product）。

四、项目情境

项目情境是指跨项目知识转移赖以进行的知识源项目与知识接受方项目的相关特征。根据文献，这些特征大致可分为项目任务特征以及项目资源特征。

首先，现有相关研究文献涉及的项目任务特征有项目间任务相似性、项目任务紧迫性、项目任务复杂性等。项目间任务相似性意味着完成源项目和接受方项目所需要的知识具有某种程度的共性特征，因而是成功地进行跨项目知识转移的重要前提。项目紧迫性能够促使原本缺乏意愿的项目团队成员为完成任务而跨项目获取和利用急需的知识，也会明显地影响项目进展和项目成员知识学习的效果。对于项目任务复杂性，Aoshima 通过对日本手机行业的调查与研究发现，高端手机产品的结构或系统较复杂，蕴含的知识元素较多，产品涉及的知识相应地具有更强的系统化和情境化特性，此时采用项目人员转移的跨项目知识转移机制能取得更好的效果；而低端手机产品的结构较简单，蕴含的知识元素较少，产品涉及知识的系统化和情境化特性相对较小，此时采用文档转移和高端计算机辅助设计系统等标准化的跨项目知识转移机制则更合适。

其次，现有相关研究文献论及的项目资源特征主要体现在知识源项目和知识接受方项目在资源使用上的特点，讨论较多的是资源相依性特征，即同一组织内部不同项目共享数据、信息、人员、软硬件等资源的程度。Nobeoka 和

Cusumano 通过对美国和日本 256 位汽车零部件设计工程师的调研得出，不同项目之间的资源相依性有利于彼此之间的沟通与协调，进而提升项目实施绩效。Brown 等人的实证研究结果均显示，资源相依性有利于促进不同项目间知识的转移与再利用，从而为企业节省成本，带来经济学上所谓的规模效应。其他学者也认为资源相依性有利于知识密集型企业跨项目知识转移，进而提高工作效率和节约项目成本。

五、组织情境

组织情境是指对跨项目知识转移起促进或阻碍作用的组织管理机制。Newell 等人就认为，设置知识中介人、营造鼓励知识共享的文化氛围等治理能力都会影响彼此之间的跨项目知识转移。综合来看，现有相关研究文献主要涉及组织的结构、文化、制度和技术平台四大方面。

在组织结构方面，传统的等级组织会对跨项目知识转移起阻碍作用，而正式组织与项目型组织相结合的结构形式则能起到有效的促进作用。有研究提出，在组织设置中心知识管理部门、在职能部门设置知识管理单元以及根据项目将知识管理功能分权化，都是值得探索的跨项目知识转移的组织管理机制。

在组织文化方面，拒绝犯错的项目团队文化会严重阻碍跨项目知识转移，鼓励知识共享、鼓励试错，包容型的文化则是跨项目知识转移的重要促进因素。

在组织制度方面，Cacciatori 等人通过对创造性行业、高技术行业和工程行业的 540 个项目的实证调研发现，管理规范对编码化知识转移具有正向影响关系，项目层面的管理控制、制度化治理是创造性、高技术性行业编码化知识转移效果的一个强有力的预测工具。

在组织技术方面，现代化的技术工具，如群件、内部网、知识集成与共享平台、计算机辅助设计系统等，都是跨项目知识转移不可缺少的，但传统的技术工具如知识库和专家系统，因一般只具有存储功能，所起的作用相对有限。另有学者提出，以人为中心的支持工具是企业跨项目知识转移有效开展的重要促进因素之一。Newell 等人通过案例研究得出，知识媒介（Intermediaries）能将不同项目的人连接到同一项知识上，协助作为知识接受方的新项目团队成员寻找和获取一些共性的、关于如何做的知识，因而在跨项目知识转移中起桥梁作用。此外，有实证研究结果显示，用于集成分散的知识系统集成工具的使用能提高编码化跨项目知识转移的可能性，尤其是在动态多变的环境中，系统集成工具对于生产技术性复杂产品的行业的跨项目知识转移的影响作用更为明显。

综上分析，已有研究涉及的跨项目知识转移影响因素可汇总为表 4 - 1。表 4 - 1 中的大多数文献所探讨的跨项目知识转移影响因素比较分散，只有少数文献对这些影响因素做专门的、较深入的研究。而且，与一般情境下的知识转移相比，跨项目知识转移的影响因素显得更为复杂。比如，跨项目知识转移不仅受永久性的正式组织因素的影响，还在很大程度上受临时性项目组织因素的影响；转移主体参与跨项目知识转移的意愿不仅受个人动机影响，还会受到项目任务紧迫性等项目因素的影响，等等。

表 4 - 1　现有文献中的跨项目知识转移影响因素汇总

影响因素维度	具体的影响因素	文献来源
知识特征	知识的外显性与内隐性	Newell 等（2006）；吴涛（2012）
	知识的可获得性与可转移性	Fitzek（1999）
	项目组新获知识的价值、单位知识的转移成本、单位知识转移量对项目成本的影响值等	古继宝等（2006）
主体特征	项目成员参与跨项目知识转移的意愿和动机	Disterer（2002）；Björkegren（1999）；Newell 等（2006）；Park，Lee（2014）；Wiewiora 等（2013）；Khedhaouria，Jamal（2015）；吴涛（2012）；古继宝等（2006）
	知识源项目团队的转移能力，知识接受方项目团队的搜寻能力与吸收能力	Bakker 等（2011）；吴涛（2012）
	跨项目知识转移的能力	Landaeta（2008）
	跨项目知识转移参与者的领导力、声誉、决策权	Fitzek（1999）
	社会资本、强联系、弱联系	杜亚丽（2012；2015）；邝宁华（2004）
转移方式	人员机制与标准化机制	Aoshima（2002）
	基于信息技术的文档传递和基于社会网络的人际互动	Newell 等（2006）
	很好构建起来的产品开发过程，专业的全时项目经理和产品模型化	Antoni 等（2005）

（续）

影响因素维度	具体的影响因素	文献来源
项目情境	项目间任务相似性	Dixon（2000）；Björkegren（1999）；Lewis 等（2005）
	项目紧迫性	Disterer（2002）；Newell 等（2006）
	项目任务复杂性	Aoshima（2002）
	项目间的资源相依性，资源使用冲突	Nobeoka，Cusumano（1994）；Brown 等（1998）；Disterer（2002）
组织情境	正式组织与项目型组织相结合的结构、知识管理单元或部门的设置、知识管理功能分权化	Björkegren（1999）；Soderquist，Prastacos（2002）
	鼓励试错、包容型的项目团队文化	Disterer（2002）；Soderquist，Prastacos（2002）；Wiewiona 等（2013）；Fitzek（1999）
	管理控制、制度化治理	Cacciatori 等（2012）
	信息技术工具、知识媒介、以人为中心的支持工具，系统集成工具	Fitzek（1999）；Soderquist，Prastacos（2002）；Newell 等（2006）；Caceiatori 等（2012）

第五章

跨国企业内部知识转移研究

近年来，随着经济一体化的深入和全球经营环境的变革，跨国企业正逐渐向网络组织模式演化，母公司与海外子公司都可以视为跨国企业整体网络中的一个个节点。知识在各个节点之间的跨国转移，有利于跨国企业全球竞争优势的获取。

第一节　跨国企业内部知识转移的内容与路径

一、跨国企业内部知识转移的内容

对于跨国企业网络结构内部知识转移的内容，可以从三个不同的维度进行分析，即显性知识—隐性知识、职能性知识—组织性知识、网络系统知识—节点专用知识。

首先，显性知识—隐性知识维度，主要反映所转移知识的可编码程度和可转移的难易程度，体现了知识形成的内在变化机理。其次，职能性知识—组织性知识维度，主要反映所转移知识的功能和作用。职能性知识是指企业维持正常运营而实施各种职能活动所需要的知识，包括生产、研发、营销、人力资源、财务知识等；组织性知识则是对不同的职能性知识进行协调和整合的知识，包括企业使命、企业文化、战略决策、运营控制等方面的知识。再次，网络系统知识—节点专用知识维度，主要反映所转移知识的专用性水平。网络系统知识是指适用于跨国企业整体网络各个节点的通用知识；节点专用知识则是为某个节点所专用的知识，难以适用于其他节点。

根据上述三个维度，可以将跨国企业内部知识转移的内容进行分类（表5-1）。

（一）职能性知识层面

（1）显性的网络系统知识：包括跨国企业通用的财务报表和财务管理知

识，全球客户档案，通用的薪酬、绩效考核、职务晋升原则，以及通用性生产技术说明书等。

表 5－1　跨国企业内部知识转移的内容

	职能性知识		组织性知识	
	网络系统知识	节点专用知识	网络系统知识	节点专用知识
显性知识	通用性财务知识等	特定产品的规格参数等	跨国公司整体的规章制度等	节点特定的计划和目标等
隐性知识	可共享的技术知识等	特定市场的销售技能等	跨国公司整体的企业文化等	节点特定的控制程序等

（2）隐性的网络系统知识：包括跨国企业各节点之间共享的技术知识、营销技能、人力资源管理技能、物流管理技能等。

（3）显性的节点专用知识：包括某节点所专有的当地市场分析报告、客户资料，以及针对特定节点的产品型号、规格和质量标准等。

（4）隐性的节点专用知识：包括某节点专有的当地营销技能、生产制造技能、研发技能、人力资源管理技能等。

（二）组织性知识层面

（1）显性的网络系统知识：包括跨国企业整体的规章制度、总体的企业使命和战略目标等。

（2）隐性的网络系统知识：包括跨国企业整体的企业文化、母子公司之间的控制与协调机制等。

（3）显性的节点专用知识：包括某节点制定的本单元特定的战略计划和战略目标等。

（4）隐性的节点专用知识：包括某节点所特有的决策程序、运营系统和控制机制等。

二、跨国企业内部知识转移的路径

通过对网络结构的分析我们可以发现，跨国企业海外子公司在自主性和重要性等方面均有极大提升。海外子公司通过学习和吸收当地知识，并与公司原有知识进行整合，可以有效提高公司的知识存量和当地反应能力。但是，通过海外子公司进行当地知识吸收和创新只是一个方面，更为重要的是，可以通过跨国企业网络来实现全球范围内子公司创造的知识的转移与整合，这也是跨国企业与各国内集团公司相比的竞争优势所在。知识在跨国企业内部母公司和各海外子公司之间的共享与转移，形成了多种路径类型的知识转移。因此，本书在网络结构的基础上提出跨国企业内部的知识转移路径模型，如图 5-1 所示。

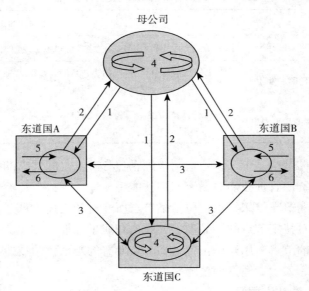

图 5-1　跨国企业内部的知识转移路径模型

知识转移路径 1：表示母公司向子公司的知识转移。这是一种传统的，也是最核心的知识转移模式，并一直受到研究者的密切关注。它曾经是传统跨国企业理论解释跨国企业存在原因的一个核心论点。母公司向子公司的知识转移是指母公司将自身拥有的专有知识转移给海外子公司，使其具备当地企业所不拥有的知识与能力，从而在市场竞争中处于优势地位。因此，母公司向子公司的知识转移也被认为是子公司获取竞争优势的重要来源。但是，母公司向子公司的知识转移并非都能获得成功，如果不考虑到当地市场的需求，将会导致该种转移模式的失灵。例如，日本电器公司（NEC）开发的 NEAC61 型交换机以其出色的硬件性能而著称于日本市场，但在总部决定将其推广到美国子公司来开发当地市场时，却没有取得预期的销量水平。这是因为，该交换器是为了满足日本电话垄断商 NTT 的需求而设计的，但它并不符合美国顾客的需求特征。比如说，它的软件无法使诸多分享长话收入的美国公司的协议转换兼容，它也不能提供增加话费收入的种种服务，如呼叫等待和呼叫转移，而这些恰恰是竞争激烈又不受管制的美国市场上利润丰厚的项目。

　　知识转移路径 2：表示子公司向母公司的知识转移。这种转移模式与母公司向子公司的知识转移的方向恰恰相反。母公司之所以会从子公司吸收知识，这是因为随着自主权的增强，海外子公司能够对当地市场需求做出灵活的响应，并在这种当地化经营的过程中逐渐形成一种基于当地市场、管理实践与经营环境的"国别性专有知识"，而这正是母公司所缺少的。母公司在吸收子公司知识的过程中通常扮演两种角色：一种是整合者，即母公司将从海外子公司吸收到的当地知识与母公司自身所拥有的原有知识进行整合，形成一种新的更为有效的知识，并可以将整合后的知识回流给海外子公司；另一种是中间人，即母公司从一国子公司吸收知识后，再将其转移给另一国子公司，以此来降低由于缺乏先前知识转移经验等而造成的较高的两国子公司之间的直接知识转移成本。子公司向母公司知识转移的一个成功案例是宝洁公司的 Pampers 卫生产品。该产品是由宝洁公司的日本子公司在学习和借鉴日本当地市场的一种一次性尿布之后，根据美国消费者的消费习惯进行重新设计而成的，在投放美国市场之后一炮打响，迅速成为市场的领导者。

　　知识转移路径 3：表示子公司与子公司之间的知识转移。与前两种知识转移模式不同，海外子公司之间的相互知识转移动是横向的，非层级式的知识转移模式。子公司之间的知识转移可以将一国子公司的创新成果和优秀经验迅速传递到其他国家的子公司，从而提高全体子公司的知识存量和知识创新能力。从整体来看，子公司之间的知识转移是在跨国企业共同的文化和价值观之下发生的一种互惠互利的行为，但不同的子公司由于自身的资源与能力以及当地市场的战略地位不同而担当着不同的角色。比如，有些被称为"战略领导者（strategic leader）"或者"精英中心（center of excellence）"的海外子公司，由于其拥有的知识与能力超过一般的子公司，因此更多地在子公司之间的知识转移动中处于主动地位。联合利华公司在全球织物软化剂市场取得的成功可以归因于出色的子公司之间的知识转移。联合利华的德国子公司开发的"库舍瓦克（Kuschel-weich）"品牌在当地市场经营中取得了巨大的成功，原因被认为是该品牌以泰迪熊为产品的象征，而泰迪熊的柔软形象能够唤起消费者强烈的认同和信任。该德国品牌和营销策略被成功地转移到世界各国市场，在法国是卡约琳（Cajoline），在意大利是科科里诺（Coccolino），在西班牙是米莫欣（Mimosin），在澳大利亚是哈吉（Huggy），在美国是斯娜格（Snuggle），这些品牌在当地市场都取得了不俗的业绩。

　　知识转移路径 4：表示知识的整合。这种整合是将新吸收来的知识与自身原有的知识进行融合，从而增强知识存量水平和知识创新能力。需要说明的是，知识整合不仅发生在母公司内部，而且也发生于各海外子公司的内部。

知识转移路径 5：表示子公司的当地化学习。由于不同国家的市场环境、资源禀赋和竞争激烈程度都不尽相同，因此，各国子公司在与当地客户、供应商、政府等方面的接触学习中会获得独特的知识与能力。子公司的当地化学习能力依赖于海外子公司在当地市场中的网络嵌入能力。通过与当地的供应商、客户、研究院以及大学建立起一种紧密的组织间网络关系，就使得子公司能够接近并学习来自当地的知识和技术，尤其是获得更多的隐性知识。子公司的当地化学习还可以采取与当地企业建立战略联盟或者是合资公司的形式，向当地企业学习当地的市场运作和经营管理经验。

知识转移路径 6：表示子公司的知识溢出。知识溢出是指跨国企业内部的知识通过海外子公司外溢到当地市场的行为。子公司的知识溢出可能产生于当地市场的竞争对手对海外子公司的模仿，也可能产生于当地政府的压力，比如，某些发展中国家政府就严格限定在其境内设立的跨国企业子公司必须承担一定比例的技术转移任务。

第二节　跨国企业知识转移的过程

跨国企业内部各节点组织之间的知识转移可以视为知识传递单元向知识接受单元转移知识的过程，其最终目的在于使知识接受单元能够吸收、整合并应用新知识创造价值。本书将跨国企业内部组织间知识转移的过程划分为四个阶段，如图 5-2 所示。

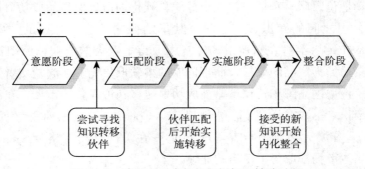

图 5-2　跨国企业内部组织间知识转移过程

一、意愿阶段

意愿阶段（intention stage）是跨国企业内部组织间知识转移过程的初始阶段，包括从节点意识到知识差距的存在，到具有转移或接受知识的意愿的整个过程。

意愿阶段起始于节点识别出自身的"知识缺口（knowledge gap）"。所谓"知识缺口"，是指节点自身所拥有的实际知识水平，与意欲完成某项任务或达到某种绩效水平时所必需的目标知识之间的差距。在跨国企业内部，对于"知识缺口"的辨识既可以由母公司主导进行，也可由子公司自发进行。母公司可以根据全球整体战略目标来发现其与子公司之间的"知识缺口"，从而明确哪些东道国的子公司缺少何种类型的知识，应当何时弥补这种缺口。另外，子公司自身也可以通过"标杆管理（benchmarking）"的实施来主动寻找自身与其他节点之间的"知识缺口"。

但是，仅仅意识到"知识缺口"不一定就能够导致知识转移行为的发生。对于外来知识作用的怀疑，对于知识来源单位的不信任，都可以阻碍节点通过知识转移行为来弥补"知识缺口"。因此，建立对于跨国企业内部知识转移和共享行为的物质和声誉激励机制，以及构建全球知识共享的企业文化，将会促进知识转移意愿的形成。当节点具备了知识转移意愿时，知识转移过程就进入了下一个阶段——匹配阶段。

二、匹配阶段

当节点具备知识转移的意愿，并尝试寻找知识转移伙伴之时，跨国企业内部组织间知识转移过程就进入了匹配阶段（matching stage）。在寻找合适的知识转移伙伴的过程中，预期转移知识的特性、伙伴的可信赖程度、与知识转移伙伴之间的相似程度等因素都会影响匹配能否成功。

即使能够成功寻找到适合的知识转移伙伴，知识转移行为也不一定发生。因为知识转移伙伴是否具有转移知识的意愿尚不确定。因此，当知识转移过程发展到匹配阶段后，仍然要回溯到意愿阶段（图5-2中的虚线所示），以确定知识转移伙伴的转移意愿。只有当转移双方都具备转移知识的意愿时，即意愿阶段与匹配阶段形成闭合的回路时，知识转移过程才会真正步入实施阶段。

知识地图、知识黄页和知识数据库等工具将有助于匹配阶段的成功。这些工具将提供一个跨国企业整体的知识目录，目录中详细记载着每个知识来源的知识类型、所在地区、所在单位、拥有者信息等，因而提升了节点寻找知识转移伙伴的效率和有效性。

三、实施阶段

当知识转移双方成功匹配且均具备转移意愿时，跨国企业内部组织间知识转移过程便步入实施阶段（implementation stage）。在实施阶段，知识传递单位和知识接受单位之间进行广泛的资源流动和知识流动。

知识的默会性和复杂性、转移双方的地理距离和文化距离、知识传递单位的表达能力和知识接受单位的吸收能力都会影响实施阶段的进程。尤其是对于隐性知识和复杂知识的转移，更需要转移双方频繁多次的互动与交流。当知识接受单位完全接受了知识传递单位所转移的知识时，知识转移过程便进入整合阶段。

跨国企业通过构建丰富的知识跨国传输渠道，采取职员轮换、跨职能（跨区域）团队，以及应用电子邮件、传真、群组等信息技术，能够促进实施阶段知识转移双方的互动。

四、整合阶段

当对所转移知识接受完毕之后，知识接受单位还要将新知识进行内化、吸收和整合，即跨国企业内部组织间知识转移过程的整合阶段（integration stage）。

在整合阶段，节点需要将所接受的新知识与自身拥有的知识彼此融合，并对新知识实施情境化处理，使其在新的东道国环境和组织环境之中能够正常运行并发挥作用。当新知识真正内化为知识接受单位自身所拥有的知识，并在实践过程中予以应用时，整合阶段即完成，一个完整的跨国企业内部组织间知识转移过程也随之结束。

跨国企业通过实施"干中学（learning by doing）"、在职培训、实践社区（community of practice）等政策和工具，可以促进新知识在节点内部的整合和吸收，提升知识转移的效果。

第三节　跨国企业知识转移的影响因素

一、跨国企业内部知识转移影响因素的理论模型

所构建的跨国企业内部知识转移的影响因素模型以及相关的假设，需要经

过问卷调查进行实证检验，而受能力、时间、财力所限，笔者只能选择跨国企业的在华子公司作为问卷调查的样本，因此，在构建跨国企业内部知识转移的影响因素模型时，也将以子公司的视角作为研究的切入点。

　　基于子公司的视角，本书将跨国企业内部知识转移的影响因素归纳为子公司自身的因素、所转移知识的本体因素以及子公司同知识转移另一主体之间的关系因素三个层面，如图 5-3 所示。

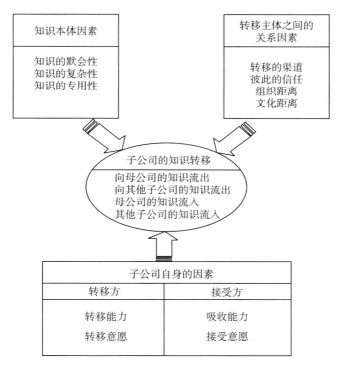

图 5-3　跨国企业内部知识转移影响因素的理论模型

（一）子公司的知识转移

　　对于子公司的知识转移，从知识流动的方向来看，可以分为子公司的知识流入和子公司的知识流出；从知识转移的主体来看，可以分为子公司与母公司之间的知识转移和子公司与其他子公司之间的知识转移。因此，基于子公司的研究视角，本书将从以下四个方面刻画子公司的知识转移：子公司向母公司的知识流出、子公司向其他子公司的知识流出、子公司接受母公司的知识流入、子公司接受其他子公司的知识流入。

（二）子公司自身的因素

当子公司作为知识转移的转移方时，其转移知识的能力和转移知识的意愿这两个因素将会影响该子公司的知识流出（流向母公司、流向其他子公司）。当子公司作为知识转移的接受方时，其吸收能力和接受知识的意愿这两个因素将会影响该子公司的知识流入（母公司的知识流入、其他子公司的知识流入）。

（三）知识本体因素

子公司同母公司或其他子公司进行知识转移时，所转移知识的默会性、复杂性和专用性都会对该子公司的知识流入和知识流出产生影响。

（四）转移主体之间的关系因素

子公司同知识转移的另一主体之间的转移渠道丰富程度、信任程度、组织距离和文化距离这四方面因素会对该子公司的知识流入和知识流出产生影响。

二、知识本体因素对于跨国企业内部知识转移的影响

对于知识本体因素层面的分析，可以从知识的默会性、知识的复杂性和知识的专用性三个方面展开。

（一）知识的默会性

正如概念界定所言，知识的默会性来源于波兰尼的经典论述："人们能够知道的总是多于能够表达的"。在野中郁次郎看来，默会性的知识是高度个性化的，并且深深地根植于个体的行动与特殊背景之中，因此是难以轻易沟通与分享的。格兰特认为，如果与企业生产相关的大多数知识是默会性的，那么这些知识在组织成员之间的转移将会非常困难。

知识的默会性是隐性知识的最重要的特征。它与显性知识的根本区别在于，默会性知识是难以通过系统的、正式的语言和文字明确表达出来的，而是根植于个人头脑和组织记忆当中的，必须通过"干中学"等实践活动方能获得的，被移转知识的默会性越高，越不容易通过具体的文字和语言来清楚明白地表达，知识接受者就很难了解和吸收这项知识，知识转移也就越难以成功。

在过去的实证研究中，赞德尔和科古特发现制造能力的可编码程度和可教授程度越强，其转移的速度越快。布莱斯曼，波金肖和诺贝尔（1999）对购并的研究中发现，知识的可成文程度越高，被购并者对该知识的吸收效果越好。而上述的可编码程度、可教授程度和可成文程度恰好与知识的默会性负相关。由此可见，知识的默会性会阻碍知识的有效转移。此外，里德和德菲里皮将知识的默会性视为加剧知识模糊性（ambiguity），提高模仿壁垒的一个重要原

因。在此基础之上，西蒙尼以跨国战略联盟为对象进行实证研究，证实当知识的默会性程度越高，就越容易提高知识的模糊程度，进而阻碍知识的有效转移。

通过以上分析，我们提出如下假设。

假设1－1：所转移知识的默会性越高，由该子公司向母公司转移的知识也越少。

假设1－2：所转移知识的默会性越高，由该子公司向其他子公司转移的知识也越少。

假设1－3：所转移知识的默会性越高，由母公司向该子公司转移的知识也越少。

假设1－4：所转移知识的默会性越高，由其他子公司向该子公司转移的知识也越少。

（二）知识的复杂性

知识的复杂性是指与某种知识或资产紧密联系的人员、路径、技术、资源的数量和范围。企业所拥有的某种知识可能不仅涉及某一个员工或部门，而是多个员工和部门共同合作的成果，这种知识就具有复杂性的特征。

里德和德菲里皮认为，当知识或技术本身跨越了许多不同的部门，则会造成单个部门的个体无法充分了解知识的前因后果，因此知识的复杂性会导致知识的模糊性，并会限制竞争对手的模仿。赞德尔和科古特指出复杂性是指一种包括不同类型能力的内在差异，越是复杂的知识包含越多不同种类且差异越大的能力。因此，越是具有复杂性的知识越会涉及多种领域的知识，也越难找到能够全部了解这些知识的员工，而必须通过较多具有不同背景的专业人员来教授或学习这些知识，这些人员彼此间的互动、沟通也就更复杂。所以，不论是对知识的教授者还是知识的接受者而言，知识的复杂性越高，就越不容易被传授或吸收，知识转移的阻碍越大。西蒙尼也证明了复杂性高的知识会造成知识的模糊性，而知识模糊性则进一步对跨国战略联盟间的知识转移有负面影响。

综上所述，由于复杂性的知识分布于不同的员工和部门之中，因此难以在整体上对其加以理解和掌握，进而影响它在跨国企业内部各单元之间的有效流动。

通过以上分析，我们提出如下假设。

假设2－1：所转移知识的复杂性越高，由该子公司向母公司转移的知识也越少。

假设2-2：所转移知识的复杂性越高，由该子公司向其他子公司转移的知识也越少。

假设2-3：所转移知识的复杂性越高，由母公司向该子公司转移的知识也越少。

假设2-4：所转移知识的复杂性越高，由其他子公司向该子公司转移的知识也越少。

（三）知识的专用性

知识的专用性来源于交易成本经济学中的"资产专用性（asset specificity）"。专用性知识是指那些专门针对某种特定的生产过程而投入的知识或者专门为某个特定的顾客群体服务的知识。

里德和德菲里皮认为，资产专用性是导致知识模糊性的因素之一，它可以防止竞争对手的模仿，但也使得知识难以有效地转移。知识的专用性水平越高，该项知识与企业的机器设备、业务流程、员工技能、管理系统等镶嵌程度越紧密，转移时难以单独进行，必须与其所镶嵌的系统共同转移，因而越具有难以转移和分割的特性。由此可见，由于专用性的存在，跨国企业内部某一单元拥有的针对某种特定用途的知识就很难在跨国企业内部其他单元之间进行有效的转移。

通过以上分析，我们提出如下假设。

假设3-1：所转移知识的专用性越高，由该子公司向母公司转移的知识也越少。

假设3-2：所转移知识的专用性越高，由该子公司向其他子公司转移的知识也越少。

假设3-3：所转移知识的专用性越高，由母公司向该子公司转移的知识也越少。

假设3-4：所转移知识的专用性越高，由其他子公司向该子公司转移的知识也越少。

三、子公司自身因素对于跨国企业内部知识转移的影响

对于子公司自身因素层面的分析，可以从子公司的转移能力、转移意愿、吸收能力、接受意愿四个方面展开。

（一）转移能力

知识传递者的转移能力是指知识传递者所具备的异质性知识的价值以及将

这些知识转化成可以被接受者吸收的形式的能力。子公司知识存量的价值这一变量作为衡量子公司知识转移能力的指标。

跨国企业内部不同单元拥有的资源和知识是有差异的，而不同资源和知识的价值水平也是不同的。因此，跨国企业某一子公司所拥有的知识存量越独特，且对跨国企业中其他子公司的价值越大，其吸引力就越大，由该子公司流出的知识就越多。某一子公司对跨国企业其他单元的能力优势，会激励其他单元的学习意愿，从而增加由该子公司向跨国企业其他单元的知识流出的可能性。

判断某个单元知识存量的价值水平有两个标准：一是该单元是否拥有不可复制（non-duplicative）的知识；二是该单元的知识存量是否与跨国企业内部网络中的其他单元相关。如果某个单元的知识存量是不可复制的，并且与全球网络中的其他公司相关，那么该单元知识存量的价值水平就比较高，由该单元流出的知识也相对较多。

古普塔和戈文达拉扬将海外进入方式、子公司的规模以及东道国的相对经济水平作为影响知识存量的价值的三个操作性变量。他们认为，相对于新建方式（greenfield），通过收购方式建立的子公司所拥有的知识存量的价值更高，因此会有更多知识流向母公司和其他子公司；子公司的规模越大，其拥有知识存量的价值越高，流向母公司和其他子公司的知识也越多；东道国的经济发展水平与母国相比越高，子公司的知识存量价值越高，由其流向母公司的知识也越多。

通过以上分析，我们提出如下假设。

假设4-1：子公司的知识存量价值越高，由其向母公司转移的知识也越多。

假设4-2：子公司的知识存量价值越高，由其向其他子公司转移的知识也越多。

（二）转移意愿

知识传递者的转移意愿是指其愿意将知识提供给其他接受者的倾向性。本书选取跨国企业的激励机制这一变量作为衡量子公司知识转移意愿的指标。

有学者认为，拥有独特知识的组织单元都倾向于实行"信息垄断"（information monopoly），将自身的知识予以保护而不愿与其他组织共享。知识传递者对所拥有知识的保护倾向主要源于两方面的原因：第一，知识外溢会造成权力的丧失，如果知识是竞争优势和租金的重要来源，那么组织单元往往不情愿将这种知识与其他单位共享，因为这样可能会削弱其在跨国企业全球网络中的权力和地位；第二，知识转移的成本昂贵，一次知识转移过程要求知识传递者投入一定的时间、人力和资金作为保证，尤其是当这种知识转移是跨越国界的时候，地理位置的距离和文化环境的差异无疑又加大了转移成本。但是，知识传递者往往在付出成本之后难以取得相应的收益，或者即使取得一定的收益，但由于这种转移的机会成本过高，知识传递者也不愿意提供时间与资源予以支持。

针对知识传递者的保护倾向，跨国企业应该致力于建立对知识传递者的激励机制，使其愿意与各国子公司分享有关知识。如果跨国企业对子公司经理的奖励，更多的是建立在其所在子公司对跨国企业某一区域或全球网络的贡献上，就比过多关注子公司本身的经营绩效更有利于子公司知识的流出（罗斯、奥多尼奥，1996；古普塔、戈文达拉扬，2000）。诚然，不仅是对子公司经理的激励，对子公司高管层其他成员的激励也会影响子公司的知识流出，因此本书将激励机制的受众群体扩展到子公司高管层的全体成员。

通过以上分析，我们提出如下假设。

假设5-1：跨国企业对子公司高层管理者的激励越是以网络整体绩效（而非子公司自身绩效）为标准，由该子公司向母公司转移的知识也越多。

假设5-2：跨国企业对子公司高层管理者的激励越是以网络整体绩效（而非子公司自身绩效）为标准，由该子公司向其他子公司转移的知识也越多。

（三）吸收能力

"吸收能力（absorptive capacity）"的概念是由科恩和莱温索（Cohen 和 Levinthal）在1990年提出的。他们认为，吸收能力是指"认识新信息的价值，并将新信息吸收，进而运用于商业目的"的能力。[①] 缺乏吸收能力将会阻碍知识的有效流动。苏兰斯基（1996）的研究表明，影响优秀实践经验在企业内部转移的最重要的障碍因素就是接受方缺乏吸收能力。

评价一个组织的吸收能力可以从如下两个方面进行考察。

第一，组织原有知识存量与外部新知识的相关程度。组织的吸收能力是组织原有知识结构的一个函数。这是因为，组织需要具有相关的知识才能消化并应用新知识。当原有知识与新知识发生联系时，组织就更容易掌握新知识。也

---

① Cohen W M, Levinthal D A. Absorptive Capacity：A New Perspective on Learning and Innovation [J]. Administrative Science Quarterly，1990，35：128.

就是说，组织先前的学习为它开展新的学习打下了基础。西蒙尼（1999b）提出，知识接受者的学习能力是由其拥有的先期经验（prior experience）决定的。知识接受者对新知识的内容和情境越熟悉，知识转移的障碍就越低。综上所述，组织的知识存量与外部新知识的相关程度越高，组织的吸收能力就越强。

第二，组织与新知识拥有者之间的"同质性"。如果知识接受者与知识传递者在企业文化、价值观念以及员工的教育程度、社会地位和思维方式等方面都十分相似，那么发生在两者之间的个人交流和沟通将会非常密切和有效，这也为知识转移的发生减轻了障碍。因此，与知识传递者之间的"同质性"越高，知识接受者的吸收能力就越强。

古普塔和戈文达拉扬将海外进入方式以及当地员工在子公司高层管理团队（top management team）中的比重作为影响吸收能力的两个操作性变量。他们认为，相对于新建方式，通过收购方式建立的子公司拥有较弱的吸收能力，因此从母公司和其他子公司的知识流入也较少；子公司高层管理团队中当地人员的比例越高，该子公司的吸收能力越弱，来自母公司和其他子公司的知识流入也越少。

本书把子公司中外派人员的能力和子公司培训措施的完善程度这两个变量作为衡量子公司吸收能力的指标。

1. 子公司中外派人员的能力

外派人员被认为是提升子公司的吸收能力，促进跨国知识转移的有效方法。由于母国（第三国）外派人员具有在母公司（其他子公司）多年的工作经历，因此他们拥有丰富的管理经验，并且对母公司（其他子公司）的企业文化、运营机制、管理风格和业务流程十分熟悉。当外派人员来到子公司之后，他们可以帮助当地员工有效地提升自身的能力和素质，并且帮助当地员工更加清晰地掌握母公司（其他子公司）所拥有的管理经验和专业技术，承担起母公司（其他子公司）与子公司之间知识转移的中介和桥梁作用。而且，由于隐性知识是根植于组织惯例和人员的头脑之中的，因此通过外派人员与当地员工的有效互动，可以促进隐性知识的转移。

优秀的外派人员首先必须具备卓越的管理经验与技术能力，外派人员所具备的知识背景和拥有的管理经验和技术能力会对子公司的知识吸收能力产生影响；其次，优秀的外派人员还应当具备将自身知识传递给当地员工的真实意愿，当拥有突出能力的外派人员能够主动地与当地员工进行沟通交流，帮助他们提升技能时，其对子公司知识吸收能力的提升效果会更加明显；最后，优秀的外派人员还应具备文化敏感性特点，能够根据东道国的实际情境来调整自身的管理风格和模式。

通过以上分析，我们提出如下假设。

假设6-1：子公司中外派人员的能力越强，由母公司向其转移的知识也越多。

假设6-2：子公司中外派人员的能力越强，由其他子公司向其转移的知识也越多。

2. 子公司培训措施的完善程度

相关的实证研究表明，有效的职员培训对于企业的知识获取能力和企业绩效都具有有益的促进作用。

由于子公司拥有的相关知识是吸收新知识的先决条件，而子公司所拥有的知识很大程度上体现在员工所拥有的知识上，因此采取相应的培训措施以补充每名员工的知识水平便是吸收新知识的关键。培训措施一方面要针对新员工，以帮助其掌握企业规章制度，领会企业文化和使命；另一方面也要针对老员工，提升其管理和技术能力以应对环境的迅速变化。通过完善的、有针对性的培训措施的实施，可以有效提升子公司员工的工作技能，扩展员工的知识结构，从而相应地提升子公司整体的吸收能力。

通过以上分析，我们提出如下假设。

假设7-1：子公司的员工培训措施越完善，由母公司向其转移的知识也越多。

假设7-2：子公司的员工培训措施越完善，由其他子公司向其转移的知识也越多。

(四) 接受意愿

知识接受者的接受意愿是指其愿意接受来自本组织以外的知识和建议的积极性。知识接受者的接受意愿通常会受到"非本地发明（not-invented-here）"综合征的影响。"非本地发明"综合征是由卡兹和阿伦（Katz和Allen）在1982年提出的，具体是指管理者不愿意接受外地的或外来的观点及方案。地方主义，对异地来源可信度的怀疑，对未知事物的怀疑以及对变革的抵制都可能导致组织单位拒绝接受外部的建议。经验研究表明，跨国企业母公司特别容易拒绝来自其海外子公司的建议。随着海外子公司在跨国企业网络中地位的提升和自主性的增强，他们也越来越倾向于拒绝来自母公司和其他子公司的知识。例如，联合利华的管理层准备将德国子公司开发的一种无磷酸盐产品转移给欧洲的其他子公司时，法国子公司就坚持认为自己的市场需求有所不同，并继续进行自己的无磷酸盐项目的开发。由此可见，"非本地发明"综合征会阻碍跨国企业内部的知识流动。

"非本地发明"综合征的产生有以下三方面的原因：第一，跨国企业海外子公司的自主性倾向的增强使其不愿意过多依赖母公司或其他子公司的知识流入；第二，由于跨国企业内部的权力斗争，各海外子公司都不情愿接受来自其他子公司的知识，以免显示出对方知识资产的价值优于己方，从而降低自己的地位；第三，自主性较强的子公司往往会成为"企业家陷阱（entrepreneurial trap）"的牺牲品，这是一种由于人们想成为发起者、创始人而使他们对自己的观点过于执着的心态。

古普塔和戈文达拉扬（2000）将子公司经理的奖金激励标准、东道国的相对经济发展水平以及母子公司之间的集权程度作为影响接受意愿的三个操作性变量。他们认为，当跨国企业对子公司经理的奖金激励更多地是以每个子公司的经营业绩作为标准，而不是其对整个网络的贡献作为标准时，就会刺激子公司经理更主动地去学习母公司和其他子公司创造的新知识；当子公司所在国的经济发展水平比母国低时，子公司会意识到自身知识存量的贫乏，并急于从母公司获得知识；当跨国企业越是倾向于对子公司的集权管理，子公司就越是倾向于从母公司获取知识。

跨国企业的激励机制[①]这一变量可以作为衡量子公司接受意愿的指标。与提升子公司转移意愿的激励机制恰恰相反，当子公司在接受母公司或其他子公司的知识流入时，如果跨国企业对子公司经理的奖励，更多的是建立在子公司本身的经营绩效的基础之上，而非所在子公司对整个跨国企业网络的贡献上，则知识的流入效果更明显（古普塔和戈文达拉扬，2000）。本书将激励机制的受众扩展至子公司高管层的全体成员。当对子公司高管层的激励和子公司自身绩效挂钩时，子公司高管层会具备更强的学习意愿，并通过努力引进组织外部的知识来提升本公司的经营业绩。

通过以上分析，我们提出如下假设。

假设 8-1：跨国企业对子公司高层管理者的激励越是以子公司自身绩效

---

① 此处的激励机制用以考察子公司作为知识接受者时的接受意愿，而本章假设 5-1、假设 5-2 中的激励机制则用以考察子公司作为知识传递者时的转移意愿，二者的含义和衡量标准有所不同。

（而非网络整体绩效）为标准，由母公司向其转移的知识也越多。

假设 8-2：跨国企业对子公司高层管理者的激励越是以子公司自身绩效（而非网络整体绩效）为标准，由其他子公司向其转移的知识也越多。

四、转移主体之间的关系因素对于跨国企业内部知识转移的影响

对于转移主体之间的关系因素层面的分析，可以从传输渠道的丰富程度、信任程度、组织距离和文化距离四个方面展开。

（一）传输渠道的丰富程度

知识传输渠道就是知识在传递者和接受者之间进行转移的媒介与途径。戈夏尔和巴特利特曾经指出，如果传输渠道不存在，那么跨国企业的知识流动就无法发生。当然，不仅传输渠道的存在性会影响跨国企业内部的知识流动，而且传输渠道的丰富性也会影响跨国企业内部的知识流动。比如沟通的非正式性、开放性以及沟通密度等都是传输渠道丰富性的考量因素。

沟通理论将传输渠道分为正式与非正式两类。根据古普塔和戈文达扬（2000）的研究，本书将知识传输渠道划分为正式整合机制（formal integrative mechanisms）和社会化机制（socialization mechanisms）。

1. 正式整合机制

正式整合机制是指建立在正规的体系、政策和标准之上的协调模式。联络单位（liaison positions）、任务团队、常设委员会（permanent committees）等均为多单元组织内部重要的整合机制。一个子公司与全球网络中的其他单位之间，通过正式整合机制的联系越广泛，它们之间沟通密度越高，传输渠道也越丰富，从而有利于知识的流动。需要指出的是，正式整合机制通常有利于显性知识的共享和转移，对隐性知识的流动则益处不大。

通过以上分析，我们提出如下假设。

假设 9-1：子公司与母公司之间通过正式整合机制联系越密切，由该子公司向母公司转移的知识也越多。

假设 9-2：子公司与其他子公司之间通过正式整合机制联系越密切，由该子公司向其他子公司转移的知识也越多。

假设 9-3：子公司与母公司之间通过正式整合机制联系越密切，由母公司向该子公司转移的知识也越多。

假设 9-4：子公司与其他子公司之间通过正式整合机制联系越密切，由其他子公司向该子公司转移的知识也越多。

2. 社会化机制

社会化机制是指在不同子公司之间建立个人间亲密关系、个人亲和关系以及个体间认知趋同性的一种组织机制。与正式整合机制不同，通过社会化机制进行的联系是一种个人之间的、非正式的沟通与交流。事实证明，公司内部绝大多数的信息交换和决策制定都是通过非正式渠道和关系进行的，因此有越来越多的跨国企业开始将个人间的联系而不是正式的系统作为沟通交流的首选方式。

社会化机制的目的，是在跨国企业内部各单元之间建立起共同的信念、目标和共享的价值观，并提升各单元对跨国企业整体企业使命和企业文化的感知。因此，跨国企业各单元之间通过社会化机制的联系越密切，彼此之间资源、信息和知识的流通渠道就越丰富。需要指明的是，通过社会化机制进行的非正式沟通与交流有利于隐性知识的共享与转移。

社会化机制又可以分为横向社会化和纵向社会化两个层面。横向社会化包括子公司之间的职员轮换或者多个子公司共同参与的项目计划。子公司领导人之间的横向社会化程度越高，越有利于知识在子公司与子公司之间的流动。纵向社会化包括母公司与子公司之间的职员轮换或者子公司参加的由母公司指导的项目计划。母、子公司领导人之间的纵向社会化程度越高，越有利于知识在母公司与子公司之间的流动。

通过以上分析，我们提出如下假设。

假设 10 - 1：子公司与母公司之间通过纵向社会化机制联系越密切，由该子公司向母公司转移的知识也越多。

假设 10 - 2：子公司与其他子公司之间通过横向社会化机制联系越密切，由该子公司向其他子公司转移的知识也越多。

假设 10 - 3：子公司与母公司之间通过纵向社会化机制联系越密切，由母公司向该子公司转移的知识也越多。

假设 10 - 4：子公司与其他子公司之间通过横向社会化机制联系越密切，由其他子公司向该子公司转移的知识也越多。

（二）信任程度

知识转移主体之间相互信任的程度对于知识的转移，尤其是隐性知识的转移会产生重要影响。早在 1972 年，赞德就在研究中发现，实验小组成员之间的信任程度越高，小组内的信息交流的及时性和准确性就越高。该研究成果也首次证实了信任可以促进个体成员之间的知识交换和转移。1998 年，特赛和戈夏尔通过实证研究得出结论，组织内部网络各单元之间的信任关系与彼此间的资源交换呈显著的正相关关系，从而证实了信任可以促进组织之间的知识流动。

彼此高度的信任意味着知识转移双方具有良好的社会资本，有利于降低相互之间的交易成本和减轻不确定性的影响，从而会促进彼此之间的原材料、中间产品和最终产品等实物资本的转移。而实物资本的长期有效转移必将带动人员之间的频繁沟通和交流，进而促进技术、知识的相互转移。另外，相互信任还利于规避知识传递过程中的信息曲解和失真，提升彼此合作的意愿。

具有合作意识的知识转移双方都不会为了自身利益而蓄意破坏对方的利益，而是以长期的互相合作、互通有无作为共同目标，因而彼此之间具有很高的信任程度，可以大大降低交易成本，提高知识转移的效率。知识传递单位与接受单位之间成功的历史交往经验，也会促进双方建立充分的信任关系，因而有利于知识的转移。

通过以上分析，我们提出如下假设。

假设11-1：子公司与母公司之间的信任程度越高，由该子公司向母公司转移的知识也越多。

假设11-2：子公司与其他子公司之间的信任程度越高，由该子公司向其他子公司转移的知识也越多。

假设11-3：子公司与母公司之间的信任程度越高，由母公司向该子公司转移的知识也越多。

假设11-4：子公司与其他子公司之间的信任程度越高，由其他子公司向该子公司转移的知识也越多。

（三）组织距离

组织距离是指组织单位（母公司与子公司，子公司与子公司）之间在结构、流程和价值观方面的差异。西蒙尼则将组织距离定义为不同组织在商业实践、制度传统和企业文化等方面的差异。组织单元之间集权模式与分权模式的差异性，创新者角色与跟随者角色的差异性，企业家精神与官僚主义的差异性，都体现了彼此之间的组织距离。组织距离会增强知识的模糊性，过大的组织距离可能导致对市场行为和结果、投入和产出、原因和后果之间逻辑联系的理解偏差。由于知识（尤其是隐性知识）是广泛根植于企业的组织惯例之中的，因此，与知识传递单位的组织距离会阻碍知识接受单位对所转移知识的理解、吸收与应用。

通过以上分析，我们提出如下假设。

假设 12-1：子公司与母公司之间的组织距离越大，由该子公司向母公司转移的知识也越少。

假设 12-2：子公司与其他子公司之间的组织距离越大，由该子公司向其他子公司转移的知识也越少。

假设 12-3：子公司与母公司之间的组织距离越大，由母公司向该子公司转移的知识也越少。

假设 12-4：子公司与其他子公司之间的组织距离越大，由其他子公司向该子公司转移的知识也越少。

(四) 文化距离

知识与认知是由蕴涵在社会结构和传统中的情境规则所主导的，因此转移的知识必须适应知识接受者的情境需求。有效的知识转移是知识传递者与知识接受者之间关于各自情境与知识客体的一次成功对话。

知识传递单位的所在国与接受单位的所在国之间的国别文化差异会影响知识的有效转移。因为处于不同国家文化背景之下的员工在思维方式、价值观念和行为准则等方面都存在很大差异，这就需要双方花费更多的时间和精力进行沟通和协作。例如，某跨国企业位于美国的母公司，与位于俄罗斯的子公司之间的知识转移就要比与位于加拿大的子公司之间的知识转移更为困难。

国别文化的差异对知识转移的影响体现在四个方面。第一，语言的差异。语言的障碍使得知识接受者难以准确、全面地理解所转移的知识，即便显性知识也是如此。例如，百事可乐公司就要求在中国的百事合资企业中，所有管理人员都说中国话，亚洲太平洋交易会一律用汉语进行沟通。第二，思维方式的差异。处于不同文化背景下的知识转移主体，由于思维方式存在差异，会影响知识的编码和解码过程，阻碍知识的有效转移。例如，"东方文化强调横向、直觉型思维，是一种高语境的文化，而西方文化则强调纵向理性思维，是一种低语境文化，偏好坦白直率的表达"[①]，两种思维方式之间的知识转移必然会遇到障碍。第三，消费者需求与市场机制的差异。文化距离会阻碍经营者对市场机会的辨识和市场机制的理解。知识传递者与接受者所处的当地市场在需求习惯、分销渠道和运行机制等方面存在的差异，也为知识的转移设置了障碍。以美国通用电气公司与上海佳宝集团在中国成立的照明设备合资公司为例，美

---

① 王清晓，杨忠. 跨国企业母子公司之间的知识转移研究：一个情境的视角 [J]. 科学学与科学技术管理，2005，6.

方在将某种新型照明产品投放到中国市场的过程中，由于其对中国市场缺乏了解，因此在投放时机和抬价时机上都出现了失误，从而造成了生产的停滞。另外，联合利华在德国市场占有领先地位的洗涤剂产品就难以在其他子公司所在国市场获得成功，这是因为德国消费者特定的洗涤习惯，如特定的水的温度与硬度，较少使用烘干机以及较低的洗涤频率等，使得该品牌洗涤剂难以适应其他国家的需求。第四，法律制度的差异。不同国家法律法规的不同也会影响知识的有效转移。例如，通用汽车公司试图将减少空气污染的技术转移到其坐落于墨西哥城的子公司被认为是没有必要的，因为当地对大气污染的法律限制并不像美国本土那样严格。

通过以上分析，我们提出如下假设。

假设 13-1：中国与母公司所在国之间的文化距离越大，由该子公司向母公司转移的知识也越少。

假设 13-2：中国与其他子公司所在国之间的文化距离越大，由该子公司向其他子公司转移的知识也越少。

假设 13-3：中国与母公司所在国之间的文化距离越大，由母公司向该子公司转移的知识也越少。

假设 13-4：中国与其他子公司所在国之间的文化距离越大，由其他子公司向该子公司转移的知识也越少。

五、研究假设汇总与研究架构设计

本研究将上述 13 组假设汇总整理，如表 5-2 所示。

表 5-2　研究假设汇总表

构面	变量	假设	内容
知识本体因素	默会性	假设 1-1	所转移知识的默会性越高，由该子公司向母公司转移的知识也越少
		假设 1-2	所转移知识的默会性越高，由该子公司向其他子公司转移的知识也越少
		假设 1-3	所转移知识的默会性越高，由母公司向该子公司转移的知识也越少
		假设 1-4	所转移知识的默会性越高，由其他子公司向该子公司转移的知识也越少

（续）

构面	变量	假设	内　　容
知识本体因素	复杂性	假设2-1	所转移知识的复杂性越高，由该子公司向母公司转移的知识也越少
		假设2-2	所转移知识的复杂性越高，由该子公司向其他子公司转移的知识也越少
		假设2-3	所转移知识的复杂性越高，由母公司向该子公司转移的知识也越少
		假设2-4	所转移知识的复杂性越高，由其他子公司向该子公司转移的知识也越少
	专用性	假设3-1	所转移知识的专用性越高，由该子公司向母公司转移的知识也越少
		假设3-2	所转移知识的专用性越高，由该子公司向其他子公司转移的知识也越少
		假设3-3	所转移知识的专用性越高，由母公司向该子公司转移的知识也越少
		假设3-4	所转移知识的专用性越高，由其他子公司向该子公司转移的知识也越少
子公司自身因素	知识存量价值	假设4-1	子公司的知识存量价值越高，由其向母公司所转移的知识也越多
		假设4-2	子公司的知识存量价值越高，由其向其他子公司所转移的知识也越多
	激励机制（传递者）	假设5-1	跨国公司对子公司高层管理者的激励越是以网络整体绩效（而非子公司自身绩效）为标准，由该子公司向母公司所转移的知识也越多
		假设5-2	跨国公司对子公司高层管理者的激励越是以网络整体绩效（而非子公司自身绩效）为标准，由该子公司向其他子公司所转移的知识也越多
	外派人员能力	假设6-1	子公司中外派人员的能力越高，由母公司向其转移的知识也越多
		假设6-2	子公司中外派人员的能力越高，由其他子公司向其转移的知识也越多

（续）

构面	变量	假设	内　容
子公司自身因素	培训措施完善程度	假设 7 - 1	子公司的员工培训措施越完善，由母公司向其转移的知识也越多
		假设 7 - 2	子公司的员工培训措施越完善，由其他子公司向其转移的知识也越多
	激励机制（接受者）	假设 8 - 1	跨国公司对子公司高层管理者的激励越是以子公司自身绩效（而非网络整体绩效）为标准，由母公司向该子公司转移的知识也越多
		假设 8 - 2	跨国公司对子公司高层管理者的激励越是以子公司自身绩效（而非网络整体绩效）为标准，由其他子公司向该子公司转移的知识也越多
转移主体之间关系因素	正式整合机制	假设 9 - 1	子公司与母公司之间通过正式整合机制联系越密切，由该子公司向母公司转移的知识也越多
		假设 9 - 2	子公司与其他子公司之间通过正式整合机制联系越密切，由该子公司向其他子公司转移的知识也越多
		假设 9 - 3	子公司与母公司之间通过正式整合机制联系越密切，由母公司向该子公司转移的知识也越多
		假设 9 - 4	子公司与其他子公司之间通过正式整合机制联系越密切，由其他子公司向该子公司转移的知识也越多
	社会化机制	假设 10 - 1	子公司与母公司之间通过纵向社会化机制联系越密切，由该子公司向母公司转移的知识也越多
		假设 10 - 2	子公司与其他子公司之间通过横向社会化机制联系越密切，由该子公司向其他子公司转移的知识也越多
		假设 10 - 3	子公司与母公司之间通过纵向社会化机制联系越密切，由母公司向该子公司转移的知识也越多
		假设 10 - 4	子公司与其他子公司之间通过横向社会化机制联系越密切，由其他子公司向该子公司转移的知识也越多
	信任	假设 11 - 1	子公司与母公司之间的信任程度越高，由该子公司向母公司转移的知识也越多
		假设 11 - 2	子公司与其他子公司之间的信任程度越高，由该子公司向其他子公司转移的知识也越多

（续）

构面	变量	假设	内　　容
转移主体之间关系因素	信任	假设 11-3	子公司与母公司之间的信任程度越高，由母公司向该子公司转移的知识也越多
		假设 11-4	子公司与其他子公司之间的信任程度越高，由其他子公司向该子公司转移的知识也越多
	组织距离	假设 12-1	子公司与母公司之间的组织距离越大，由该子公司向母公司转移的知识也越少
		假设 12-2	子公司与其他子公司之间的组织距离越大，由该子公司向其他子公司转移的知识也越少
		假设 12-3	子公司与母公司之间的组织距离越大，由母公司向该子公司转移的知识也越少
		假设 12-4	子公司与其他子公司之间的组织距离越大，由其他子公司向该子公司转移的知识也越少
	文化距离	假设 13-1	中国与母公司所在国之间的文化距离越大，由该子公司向母公司转移的知识也越少
		假设 13-2	中国与其他子公司所在国之间的文化距离越大，由该子公司向其他子公司转移的知识也越少
		假设 13-3	中国与母公司所在国之间的文化距离越大，由母公司向该子公司转移的知识也越少
		假设 13-4	中国与其他子公司所在国之间的文化距离越大，由其他子公司向该子公司转移的知识也越少

　　在研究假设汇总的基础上，将各项假设归入本研究架构中，如图 5-4 所示。

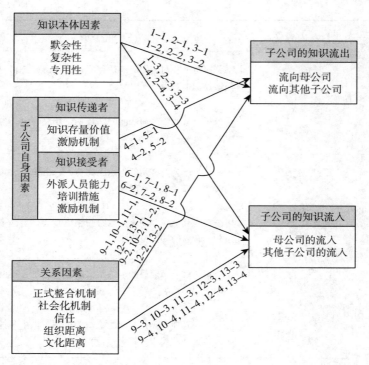

图 5-4　研究架构

第六章

联盟企业知识转移研究

知识转移过程中的知识获取、知识处理、知识创新及知识获取之前的能力认知和知识创新后的知识应用是影响企业动态能力提升的关键因素。因此，本书分别从以下三个方面提出联盟企业知识演化中的知识管理转移策略。

第一节 联盟企业动态能力知识转移特性

动态能力是企业通过相应的知识管理来整合、创建、重构其内外部资源，从而能够在快速变化的环境中赢得持续竞争优势的能力。其中，"动态"强调了企业在动态环境中必须随市场和环境的变化及时更新自身的能力；"能力"是指企业为了完成一项任务或目标所体现出来的素质。随着社会发展逐渐进入知识经济时代，企业单纯依靠内部资源实力所带来的市场竞争力会被其他企业快速的知识创新所逐渐侵蚀。为了应对这种局面，企业必须学会迅速根据市场外部需求及时调整企业的资源配置，使之与快速变化的市场环境相一致，在这种情景下，企业的动态能力就显得尤为重要。知识是一切人类总结归纳的，可以指导解决实践问题的观点、经验、程序等信息；是人类通过不断的学习、实践或探索获得的认识、判断或技能。一个企业如果能够坚持不懈地追求并获取新的知识，那么无形中企业的能力水平也会发生改变，企业能力不断改变则会导致一系列新的知识系统的产生。毋庸置疑，企业能力的形成和提升依然无法脱离企业内外部的知识资产，知识是企业动态能力更新和提升的核心要素。

企业动态能力的演化过程往往伴随着知识的转移，动态能力主要通过知识对企业的改变作用来更新和提升。企业通过知识转移来应用和创造新知识的过程，恰恰是其动态能力不断发生变化并逐渐提升的过程。为了进一步研究知识转移在企业动态能力演化中的作用，本章分析了联盟企业动态能力的演化过程、联盟企业动态能力演化中的知识转移活动及两者之间的关联分析。

一、联盟企业动态能力演化过程分析

动态能力是企业知识积累、创造和演化的过程，动态能力的演化过程与自然界生物的演化过程存在某种程度上的相似性。本书认为企业动态能力的演化过程主要围绕着能力认知阶段、能力发展阶段和能力成熟阶段这三个阶段进行，全面反映了能力随环境变化的动态演变特征。联盟企业动态能力的演化过程如图 6-1 所示。

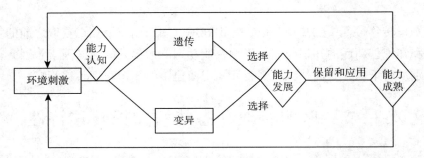

图 6-1　动态能力演化过程

从图 6-1 可以看出，外部环境的刺激使得企业洞察到环境变化对自身的能力要求，企业迅速对自身能力是否达标进行认知，认知的结果是企业需要"遗传"自身的知识和能力或者是需要知识和能力的"变异"来应对环境变化。企业选择"遗传"自身知识和能力的原因是它认为自身拥有的知识和能力足够应对环境的变化；相反，企业选择知识和能力的"变异"是因为它认为自身拥有的知识和能力不能够应对环境的变化，需要引进或者创新知识来发展自身能力，以更好地应对环境变化对企业提出的挑战。接下来，无论是"遗传"的知识还是"变异"的知识，都需要经过企业和市场的选择。选择的结果是能够适应环境变化，且能给企业带来价值增值的知识被保留下来，并被广泛运用，不能适应环境变化的知识则被淘汰，这一过程使得企业应对新环境变化的能力逐步提升并趋向成熟。

（一）能力认知

在企业发展过程中，环境刺激对企业的战略决策有很大的影响。由于环境的动态变化对企业的能力提出了新的要求，因而此时企业往往会综合评估自身的能力水平是否能够适应环境的动态变化。在这种情况下，如果企业原有知识所蕴含的能力水平足以应对环境的变化，那么企业会选择"遗传"自身的原有知识，使原有的知识继续在组织内部流转，从而帮助组织更好地适应环境变化；如果企业原有知识所蕴含的能力水平不足以应对环境的变化，那么企业会选择令自身的知识产生"变异"，并进一步产生更多的能够适应环境变化的知识，以此提升自身的能力。

"遗传"和"变异"最初起源于生物学，"遗传"指的是在生物个体的亲代和子代之间，以及不同的子代个体之间相似的现象；"变异"指的是在生物个体的亲代和子代之间，以及不同的子代个体之间某些性状表现存在着或多或少差异的现象。

动态能力通常深藏于组织流程当中，确切地说，动态能力深藏于导致组织有效变化的惯例当中，这些惯例往往体现为企业目前的知识存量和知识的不断创新，即知识是企业动态能力不断提升的根源。

企业选择遗传自身知识的原因是企业原有的知识存量、知识质量及企业原有的组织惯例等能够使企业应对环境变化带来的机会和挑战。相反，企业选择变异是因为环境变化导致企业现有能力无法满足环境改变对企业的要求，此时，企业迫切需要创造出新的知识或是从外部吸收并利用新知识来应对环境变化给企业带来的挑战。随着组织内越来越多新知识的产生，组织内原有的旧知识体系或行为惯例会发生变化，这些变化均倾向于使组织更好地适应环境变化。环境刺激是组织内新知识产生的萌芽时期，它是企业创新知识并使企业原有能力产生变异的源动力。

变异从根本上来说主要是企业通过各种途径，即外部知识的获取吸收和内外部知识的整合创新来重塑知识架构和能力平台，创造出更高的绩效水平，并最终促进能力的变化提升。变异阶段企业通过不断的惯例搜索和惯例感知，尝试或者模仿产生一些假设的替代方案。企业新能力形成的前提条件是出现了使组织惯例变异的知识，变异可能是随机出现的结果，也有可能是企业有意识诱发的结果。有意诱发的变异主要来自企业创造性地向内和向外搜索的有利于促成变化的机会。动态能力认知阶段的演化过程如图6-2所示。

（二）能力发展

在生物演化过程中，遗传或变异的生物有的能够很好地适应外界环境的变化，这对生物的生存是有利的；另外，也有一些遗传或变异的生物不能适应外界环境的变化，那么毫无疑问，这不利于生物在自然界的生存。此时，自然界对遗传或变异的生物进行选择，适应环境变化的物种被留了下来；相反，不适应环境变化的物种被淘汰出局。生物的遗传和变异导致生物朝着能够不断适应

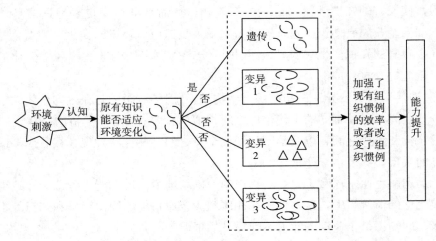

图 6-2　动态能力认知阶段的演化过程

环境变化的方向进化发展。

　　同理，企业知识的"遗传"和"变异"使企业能够不断地适应环境变化，这也是企业能力持续发展的一个过程。对于企业来说，选择的过程是评估能力作用绩效的过程。市场环境的选择是检验企业知识遗传或变异是否成功的最终标准。对于遗传或变异的知识，企业在发展过程中会抛弃一些无法产生经济和社会效用的知识，以此确保选择的知识有利于企业适应动态变化的环境。

　　一般情况下，在激烈的市场竞争中经常获胜的企业或者在市场竞争中表现优秀的企业，其组织知识往往会被快速复制，并得到不断放大和强化，借助正反馈效应可以推动企业能力的不断扩张。在动态变化的环境下，频繁的环境选择使得企业想要依靠已有的知识固守成功的可能性越来越小，只有坚持不断的知识创新才能最有效地获得成功。

（三）能力成熟

　　存在于自然界的各种生物，经过激烈的生存斗争，那些能够适应环境变化的物种被保留了下来，而那些不能适应环境变化的物种则经过自然选择后被淘汰。

　　同理，在企业能力演化过程中，那些促进企业能力扩张的知识逐渐以不同的形式被保留下来。被保留下来的新知识会在组织中得到扩散和运用，换言之，新知识只有被大量地推广和应用才能给组织带来更多的价值增值。

随着被保留的新知识在组织中的推广应用，组织在对新知识的推广运用过程中也会产生许多经验，这些经验反过来又会对原有的知识产生反馈。企业可以在这些经验和反馈的基础上，结合原有的知识对自身知识体系不断地进行补充和修正，这样就形成了一个知识创新的良性循环，使企业应对环境变化的能力逐步趋向成熟。

在这里需要特别指出的一点是，企业动态能力演化过程的阶段划分只有相对意义，企业能力的演化是一个能力认知、能力发展、能力成熟不断交织、更迭和循环的过程。联盟企业动态能力演化的发展阶段和成熟阶段的过程如图 6-3 所示。

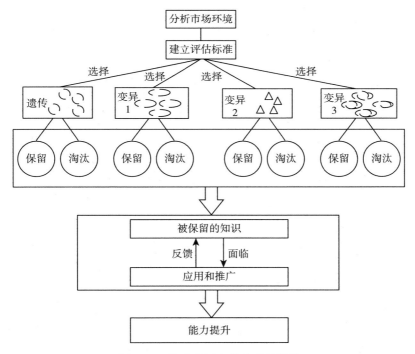

图 6-3　能力发展和能力成熟阶段

二、联盟企业动态能力演化中的知识转移活动

知识作为企业动态能力演化的重要支撑，动态能力的演化过程中必然伴随着企业间的知识转移活动。知识转移是联盟企业各主体学习和获取外部知识的重要途径。联盟企业间的知识转移可以促进知识创新，弥补知识缺口，有效解

决知识的路径依赖问题，消除"知识孤岛"。联盟企业可以通过知识转移及转移知识的消化吸收、整合创新等活动创造新知识，形成和提升企业动态能力，获得持续竞争优势从而最终实现长期价值创造。知识转移主要是指知识从某个组织转移到另一个组织中的过程，知识转移包括知识获取、知识处理和知识创新三个阶段。

（一）知识获取

知识获取是指企业为了自身发展的需要，从外部市场上以各种途径获得企业所需要的知识。知识获取要求企业有良好的环境感知能力，企业需要及时感知环境的动态变化对企业能力提出的新的要求，为了提升能力，企业需要快速获取自身需要的知识资源。

知识获取对企业发展具有重要的意义，因为企业在发展过程中需要多样化的知识，单个企业没有精力也没有能力对所需要的各个方面的知识进行研发创新，单靠从企业内部获取知识来满足企业发展的需要已变得不现实。知识获取是企业进行知识转移的第一步，它使企业自身固有的知识和外部知识环境形成有效的动态协调和沟通，从而能够为企业创造新知识和提升企业动态能力服务。

在当前激烈的竞争环境下，许多企业通过与合作伙伴建立联盟，并利用获取对方知识的方式迅速扩大企业的整体知识存量，提升企业在市场中的竞争力。通过建立联盟，企业之间可以获得互补性知识，这样可以加快研发速度、降低研发周期、减少研发成本、分散研发风险等。

为了获取企业所需要的知识，在实际操作中，许多企业甚至成立了专门的信息业务部。该部门主要负责有关市场动向、外部环境及技术信息的收集和整理，根据收集到的相关信息制作市场调研报告，从而为企业知识获取提供便利。此外，即使有些企业没有成立信息业务部门，企业也往往会派出人员进行相关市场、外部环境及技术信息的搜集工作。

（二）知识处理

处理，即处置、安排、料理的意思。知识处理是将组织不同来源、不同结构、不同类型的知识，对照一定的目标，通过判断、筛选、分类、吸收、整合、创新、评价等一系列处理环节，使组织获取的知识成为一个新的、有序的知识体系。这个新的知识体系可以为组织有效地进行知识管理、提升动态能力，从而为增强企业市场竞争力打好基础。

企业进行知识处理的先决条件是知识获取，同时，知识创新是企业进行知识处理的主要目标。企业知识处理包括准备阶段、加工阶段和完成阶段，准备阶段主要是对企业获取的知识进行判断、筛选、分类及排序等基础性准备工作；加工阶段主要是对获取的知识进行消化吸收，同时把企业自身原有的知识与消化吸收后的知识进行有效整合，并努力进行知识创新；完成阶段主要是对创新知识进行相应的评价。

企业在进行知识处理过程中，做好处理的准备工作能够为企业高效地处理知识提供便利。但是，企业知识处理的核心环节是加工阶段，在此阶段之中，对企业知识创新有重要影响的是知识的吸收和整合。吸收能力是企业知识库和其努力程度的整合，包含了吸收知识的能力和解决问题的能力。企业对新知识的吸收学习是一个逐渐累积的过程，学习绩效的高低与企业原有的知识水平有关。知识整合关注于对知识的协调和控制活动，主要是企业把自身知识和获取的知识进行有效架构，根据企业目标将分布在不同"位置"的知识进行有效连接，以实现知识在企业内部的共享和流动，从而为企业知识创新做准备。因此，这个阶段也有效地培养了企业的吸收能力和整合能力。

（三）知识创新

知识创新是企业知识转移的最后一个阶段，是知识获取、知识处理的最终目标。创新的知识被运用到新环境中，为企业创造了能够适应外部环境的相应产品或服务，同时实现了企业知识量的增长。

企业知识创新的结果外在体现为企业的产品创新、服务创新或者流程惯例创新，内在体现为企业找到了一种随着新机会和新环境而不断调整自身战略决策的知识和能力，企业可以在此基础上建立一个不断开创未来而不是一味固守过去的体系。换言之，知识创新有力地促进了企业适应外界环境变化的动态能力的提升，使得企业可以长期对影响企业竞争优势的趋势不断进行深刻的预测，并据此不断调整自身的战略方针。

联盟企业知识转移所经历的知识获取、知识处理和知识创新这三个过程是不断循环的。因为在知识创新过后，随着环境的不断变化，新环境的出现可能使得上一阶段创新的知识逐渐变得不合时宜，这就要求企业重新获取新的知识来提升能力，如此就形成了知识转移过程中知识获取、知识处理和知识创新的不断循环。联盟企业动态能力演化中的知识转移流程如图6-4所示。

三、联盟企业动态能力与知识转移的关联分析

从动态的角度讲，知识转移过程中存在着知识流动现象，这个过程也是双

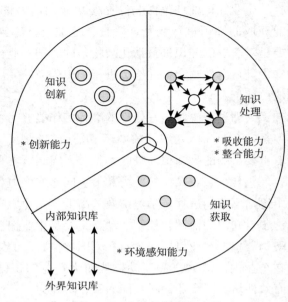

图 6-4　企业知识转移流程

方动态能力逐渐提升的一个过程。动态能力是指企业整合、创建、重构其内外部资源，从而在变化多端的外部环境中不断寻求和利用机会的能力，也就是企业有目的并快速创造、拓展或变更其资源基础的能力。

（一）知识转移推动动态能力提升

知识转移是知识从来源方到接收方的一个过程，这个过程并不是独立存在的，而是与知识获取、知识处理、知识创新等一系列动态过程密切相关的。知识转移是影响企业动态能力的重要因素，对企业动态能力的提升产生显著的影响。

首先，在知识获取阶段，随着市场竞争的加剧，企业面临的生存环境也越来越复杂，外部环境的变化会给企业经营带来一定程度的威胁。因此，为了更好地在市场竞争中赢得优势，企业必须具备对外界环境的感知能力，及时预测和判断外界环境的变化，为企业战略决策提供参考。环境感知能力是构成动态能力的一部分，当一个企业具备了良好的环境感知能力时，它便能对环境的变化做出合理的预测并制订相应的应对措施。

其次，在知识处理阶段，企业需要对获取的知识进行判断、筛选、吸收、整合等一系列工作，为企业知识创新做准备。企业在获取的知识中选择对自身发展有价值的知识，并对知识进行消化吸收和整合。知识吸收的本质是企业学习能力的体现，如果企业的学习能力强，那么这个企业消化、吸收新知识的速度和效果都会比较理想。另外，对获取知识的整合需要企业有良好的整合能力。吸收能力和整合能力是动态能力的有效组成部分，良好的吸收能力和整合能力能够不断地充实企业的知识库，从而提升企业动态能力，帮助企业在市场竞争中取得优势。

最后，在知识创新阶段，毋庸置疑，企业进行知识创新需要有良好的创新能力。动态能力的形成，本质上就是企业通过知识学习和知识创新不断提升能力的过程，知识创新能力不仅是企业动态能力的重要构成和体现，也是企业不断发展演化的重要保障。

（二）动态能力改善知识转移绩效

企业能力的发展始于知识，知识可以来源于企业内部，也可以从外部获取，企业通过获取和吸收整合不同知识以满足企业发展的需要。从知识到企业市场竞争力提升的动态演化过程是企业内部与外部知识交换的过程。

知识是企业竞争优势循环的逻辑起点，最终产品或服务所带来的市场竞争力是逻辑终点。在此过程中，企业的业务流程、惯例、能力是连接起点和终点的桥梁和支撑。从起点到终点的潜在优势向实际优势转化，以及从终点到起点的实际优势对潜在优势的强化与更新都必须通过这些桥梁。在日常运作中，企业运用各种知识并在此基础上形成了企业的运作惯例，能力则是在企业惯例的基础上进一步提升和过滤形成的。企业能力帮助企业创造出各种差异化的产品和服务，通过时间和市场环境的选择过滤而逐渐形成企业的市场竞争力，并在市场上获取相应的竞争优势。

企业动态能力的演化过程有能力认知阶段、能力发展阶段和能力成熟阶段。动态能力演化过程中同时包含了知识转移循环及知识转移带来的业务流程循环、能力提升循环和最终的市场竞争力循环这几个由低层次到高层次的循环过程。动态能力的演化和知识转移是密不可分的动态过程，知识转移循环和其他几个循环之间是互动的。

首先，在能力认知阶段，外界环境的刺激需要企业迅速识别和利用市场机会。企业需要衡量自身知识是否适应环境变化，如果感觉自身知识和能力可以适应环境变化，企业需要"遗传"自身知识，使自身知识在组织内得到广泛分享和运用。如果企业自身知识不能适应环境变化，它就不得不考虑通过知识"变异"的途径适当增加知识以提升自身能力。此时，企业会通过各种途径搜索对自身发展有用的知识，并努力获取这些知识；获取知识之后，企业会对这些知识进行相应的加工处理，以满足企业知识创新的需要；在知识处理之后，企业会结合自身的战略发展需要及企业的知识水平，努力创新出适应外部环境变化的新知识。

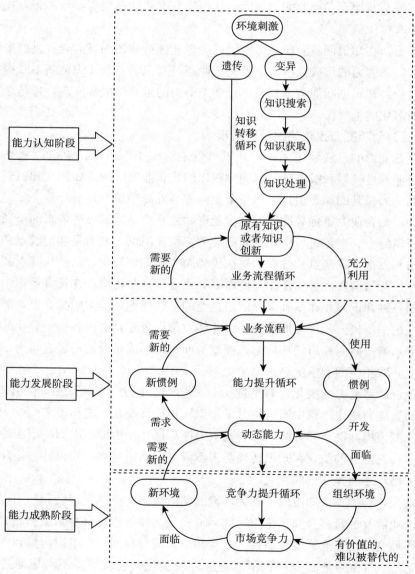

图 6 - 5　动态能力改善知识转移的循环演化过程

其次，在能力发展阶段，针对认知阶段企业通过遗传或者变异取得的知识，企业为了达到对知识的充分利用，会让这些知识在企业内广泛地运用和传播，这些知识会逐渐渗透到企业的业务流程中，而随着环境的动态变化，企业为了提高市场竞争力可能需要更为先进的业务流程，重组新的业务流程也需要新知识，如此便构建和应用了业务流程循环。企业从其日常的业务流程或某个子单位中逐渐发现有效的运作实践，从而将其制度化为组织的惯例，并为企业的各个子单位所采用，逐步开发并提升了企业的动态能力。

最后，在能力成熟阶段，那些有价值的、难以被替代的知识和能力经过组织环境的选择和保留，逐渐演变成企业提高市场竞争力的重要手段。

当然，随着组织外部环境的不断变化，企业原先在市场上获取的竞争优势可能会面临威胁或挑战，此时会产生对能力、惯例和业务流程的新需求，从而对知识也产生了新需求，这样便产生了从高层次到低层次的反馈和循环。动态能力改善知识转移的循环演化过程如图6-5所示。

第二节　联盟企业产学研合作群体的知识学习与创新

一、不同水平类型产学研合作群体交流学习的均衡分析

(一)交流学习模型的构建

考虑出发点是产学研群体采用不同的创新方式，而不采用单一的创新方式，例如选择以制造业、批发零售业、服务业为主的科技含量普遍较低的行业进行创新。假定有一群产学研群体性的数量为 m 个人，用 $m \in \{H, L\}$ 表示的两种创新方式——科技含量高（用 H 表示）和科技含量低（用 L 表示）的创新情况。首先假设每一个创新群体只选择一种创新方式，用 m_H 表示最初选择进行科技含量高的创新群体人数，用 m_L 表示最初选择进行科技含量低的创新群体人数，$m_H + m_L = m$，每种类别的创新群体通过投入一定的固定费用 $C_i (i = H, L)$ 来学习一种新的创新方式。学习新的创新方式的固定费用 C_i 包括时间、努力和支付给培训机构、高校的费用，以及投入一种新的创新方式所需的资金费用等。

用 n_{HL} 表示科技含量高的创新群体学习科技含量低的创新群体人数，用 n_{LH} 表示科技含量低的创新群体学习科技含量高的创新群体人数。显然，$n_{HL} < m_H$，$n_{LH} < m_L$。用 U_H 表示科技含量高的创新群体的效用，用 U_L 表示科技含

量低的创新群体的效用，定义效用函数如下：

$$U_H = \begin{cases} \alpha_H(m_H + n_{LH}), & \text{不学习 } L \\ \alpha_H m - C_H, & \text{学习 } L \end{cases} \qquad (6-1)$$

$$U_L = \begin{cases} \alpha_L(m_L + n_{HL}), & \text{不学习 } H \\ \alpha_L m - C_L, & \text{学习 } H \end{cases} \qquad (6-2)$$

式（6-1）和式（6-2）中，参数 $\alpha_H > 0$，$\alpha_L > 0$ 分别表示两类创新群体对自己能与他人交流的重视程度。效用函数（6-1）反映出科技含量高的创新群体可以用两种方式来提高效用：第一种是比较便宜的方式，是科技含量低的创新群体学习科技含量高的创新群体；第二种是比较昂贵的方式，是科技含量高的创新群体学习科技含量低的创新群体，这样就可以和所有的创新群体交流。效用函数（6-2）也同样如此。

如果两类不同创新群体都将 n_{LH} 和 n_{HL}，看成常量，并且双方都具有完美的观察力，那么当 $\alpha_H m - C_H \geqslant \alpha_H(m_H + n_{LH})$ 和 $\alpha_L m - C_L \geqslant \alpha_L(m_L + n_{HL})$ 成立时，存在互相学习的均衡，即科技含量高的创新群体学习科技含量低的创新群体和科技含量低的创新群体学习科技含量高的创新群体。其中第一个不等式说明科技含量高的创新群体支付了学习成本后，其成员可以和所有的 m 个创新群体成员交流，从中获得知识的效用超过了如果不学习科技含量低的创新群体从而只能和原来科技含量高的创新群体成员及从科技含量低的创新群体成员转化而来的人进行交流获得的知识效用，这样他才会向科技含量低的创新群体成员学习；第二个不等式同样如此。这两个不等式条件也可以写成：$C_H \leqslant \alpha_H(m_L - n_{LH})$ 和 $C_L \leqslant \alpha_L(m_H - n_{HL})$。

（二）交流学习的均衡性质分析

根据不同类型创新群体成员的效用函数，可以得到如下性质。

命题 1　如果所有的科技含量高的创新群体成员学习科技含量低的创新群体，那么就没有科技含量低的创新群体成员再学习科技含量高的创新群体；如果所有的科技含量低的创新群体成员学习科技含量高的创新群体，那么就没有科技含量高的创新群体成员再学习科技含量低的创新群体。

证明：假设所有的科技含量高的创新群体成员学习科技含量低的创新群体，那么 $n_{HL} = m_H$，可以得出 $C_L \leqslant \alpha_L(m_H - n_{HL}) = 0$。这个等式不成立，因为学习成本 C_L 总是大于零的。因此科技含量低的创新群体就不会再与科技含量高的创新群体成员交流学习。

假设所有的科技含量低的创新群体成员学习科技含量高的创新群体，那么

$n_{LH}=m_L$，可以得出 $C_H \leqslant \alpha_H(m_L-n_{LH})=0$。这个不等式不成立，因为学习成本 C_H 总是大于零的。因此科技含量高的创新群体成员就不会再与科技含量低的创新群体交流学习。

命题1说明了不同类型的创新群体成员交流学习的外部性。当科技含量高的创新群体成员与（向）科技含量低的创新群体成员交流学习时，他可以在增加自己效用的同时增加那些科技含量低的创新群体成员的效用；当科技含量低的创新群体成员与（向）科技含量高的创新群体成员交流学习时，他可以在增加自己效用的同时增加那些科技含量高的创新群体成员效用。

命题2　在所有科技含量高的创新群体成员与（向）科技含量低的创新群体成员交流学习和所有科技含量低的创新群体成员与（向）科技含量高的创新群体成员交流学习同时发生情况下，均衡不存在，即 $(n_{HL}, n_{LH})=(m_H, m_L)$ 不是均衡。

证明：根据命题1，所有科技含量高的创新群体成员与（向）科技含量低的创新群体成员交流学习时，就不会有科技含量低的创新群体成员再学习科技含量高的创新群体成员，两者同时存在情况不成立。因此可得命题2。

由于所有科技含量高的创新群体成员类型一致，因而他们要么都与（向）科技含量低的创新群体成员交流学习，要么都不与（向）科技含量高的创新群体成员交流学习；同样，所有科技含量低的创新群体成员类型一致，他们要么都与（向）科技含量低的创新群体成员交流学习，要么都不与（向）科技含量高的创新群体成员交流学习。这样，就这有三种可能的均衡：要么科技含量高的创新群体成员都与（向）科技含量低的创新群体成员交流学习，要么科技含量低的创新群体成员都与（向）科技含量高的创新群体成员交流学习，要么两种不同类型的创新群体成员都不交流学习。

命题3

（1）当 $C_H \leqslant \alpha_H m_L$，和 $C_L \leqslant \alpha_L m_H$ 时，则有两个不同类型创新群体成员的交流学习均衡 $(n_{HL}, n_{LH})=(m_H, 0)$，$(n_{HL}, n_{LH})=(0, m_L)$。

（2）当 $C_H > \alpha_H m_L$，和 $C_L > \alpha_L m_H$ 时，则有唯一的交流学习均衡 $(n_{HL}, n_{LH})=(0, 0)$，没有哪个类型的创新群体成员与（向）其他类型的创新群体成员交流学习。

（3）当 $C_H \leqslant \alpha_H m_L$ 和 $C_L > \alpha_L m_H$ 时，则有唯一的交流学习均衡 $(n_{HL}, n_{LH})=(m_H, 0)$，即所有科技含量高的创新群体成员与（向）科技含量低的创新群体成员交流学习。

（4）当 $C_H > \alpha_H m_L$，和 $C_L \leqslant \alpha_L m_H$ 时，则有唯一的交流学习均衡（n_{HL}，n_{LH}）$=$（0，m_L），即所有科技含量低的创新群体成员与（向）科技含量高的创新群体成员交流学习。

证明：（1）若要（n_{HL}，n_{LH}）$=$（m_H，0）构成均衡，必须满足科技含量高的创新群体成员与（向）科技含量低的创新群体成员交流学习的效用高于不交流学习的效用，而科技含量低的创新群体成员与（向）科技含量高的创新群体成员不交流学习的效用高于交流学习的效用，根据效用函数（6-1）和（6-2）得到必须满足：$a_H m - C_H \geqslant \alpha_H (m_H + n_{LH}) = \alpha_H m_H$ 和 $\alpha_L (m_L，+ n_{HL}) = \alpha_L (m_L + m_H) \geqslant \alpha_L m - C_L$ 成立，即 $C_H \leqslant \alpha_H m_L$，和 $C_L \geqslant 0$ 必须成立。它正是命题 3 的（1）所给条件，因此（n_{HL}，n_{LH}）$=$（m_H，0）构成一个均衡点。同理可证（n_{HL}，n_{LH}）$=$（0，m_L）也构成一个均衡点。

（2）当 $C_H > \alpha_H m_L$ 时，（n_{HL}，n_{LH}）$=$（m_H，0）不是一个均衡；当 $C_L > \alpha_L m_H$ 时，（n_{HL}，n_{LH}）$=$（0，m_L）也不是一个均衡。若要（n_{HL}，0）构成均衡，必须满足科技含量高的创新群体成员与（向）科技含量低的创新群体成员不交流学习的效用高于交流学习的效用，以及科技含量低的创新群体成员与（向）科技含量高的创新群体成员不交流学习的效用高于交流学习的效用。根据效用函数（6-1）和函数（6-2）可知需满足：$\alpha_H (m_H + n_{LH}) = \alpha_H m_H \geqslant \alpha_H m - C_H$ 和 $\alpha_L (m_L + n_{HL}) = \alpha_L m_L \geqslant \alpha_L m - C_L$ 成立，即 $C_H \geqslant a_H m_L$ 和 $C_L > \alpha_L m_H$ 必须成立。它正是命题 3 的（2）所给条件，因此（n_{HL}，n_{LH}）$=$（0，0）是一个唯一的均衡点。

（3）当 $C_H \leqslant a_H m_L$ 时，（n_{HL}，n_{LH}）$=$（m_H，0）构成一个均衡点；当 $C_L > \alpha_L m_H$ 时，（n_{HL}，n_{LH}）$=$（0，m_L）不是一个均衡点；当 $C_H \leqslant \alpha_H m_L$ 和 $C_L > \alpha_L m_H$ 时，（n_{HL}，n_{LH}）$=$（0，0）也不是一个均衡点。因此当 $C_H \leqslant \alpha_H m_L$，和 $C_L > \alpha_L m_H$ 时，则（n_{HL}，n_{LH}）$=$（m_H，0）是一个均衡，是唯一的均衡点。

（4）同理可证，当 $C_H > \alpha_H m_L$，和 $C_L \leqslant \alpha_L m_H$ 时，有唯一的交流学习均衡（n_{HL}，n_{LH}）$=$（0，m_L）。

图 6-6～图 6-9 列出了 $\alpha_H m_H \sim \alpha_L m_L$，平面上所有可能的均衡情形。在图中，假设 $\alpha_H > \alpha_L$，向下倾斜的两条直线分别反映了两种不同类型创新群体的所有可能组合。

图 6-6 给出了多重均衡的范围，即要么所有科技含量高的创新群体成员与（向）科技含量低的创新群体成员交流学习，要么所有科技含量低的创新群体成员与（向）科技含量高的创新群体成员交流学习。在这个范围里，交流学

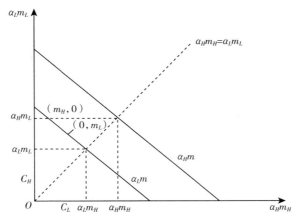

图 6-6　不同类型创新群体成员在低成本 $C_H \leqslant \alpha_H m_L$，
和 $C_L \leqslant \alpha_L m_H$ 时交流学习均衡

习成本相对于因交流学习而增加可交流的人数而言是极低的。

　　图 6-7 给出了较高的学习成本情况下，没有一个参数范围对应于多重均衡，在这个中间范围区域，科技含量高的创新群体成员与（向）科技含量低的创新群体成员交流学习，和科技含量低的创新群体成员与（向）科技含量高的创新群体成员交流学习的数量差别不大，对应的结果是双方都不与对方交流学习。

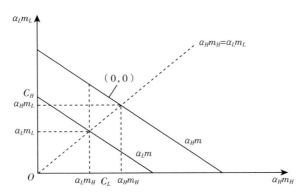

图 6-7　不同类型创新群体成员在高成本 $C_H > \alpha_H m_L$
和 $C_L > \alpha_L m_H$ 时交流学习均衡

　　图 6-8 给出了科技含量高的创新群体成员较低的学习成本，而科技含量低的创新群体成员较高的学习成本。在这种情况下，$(n_{HL}, n_{LH}) = (m_H, 0)$

构成唯一的均衡点。在此范围内，所有科技含量高的创新群体成员都与（向）科技含量低的创新群体成员交流学习，而科技含量低的创新群体成员都不与（向）科技含量高的创新群体成员交流学习。$(n_{HL}, n_{LH}) = (m_H, 0)$ 的含义是科技含量高的创新群体成员通过与（向）科技含量低的创新群体成员交流学习可以得到很多益处，并且收获大于学习成本；相比较而言，科技含量低的创新群体成员无法通过与（向）科技含量高的创新群体成员交流学习得到更多益处，这种收获与他们交流学习的成本而言是偏低的。

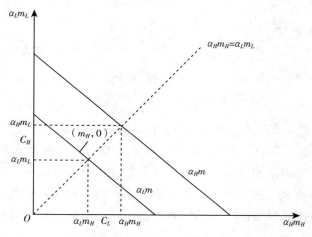

图 6-8　不同类型的创业女性在低成本 $C_H \leqslant a_H m_L$ 和

高成本 $C_L > \alpha_L m_H$ 时交流学习均衡

图 6-9 给出了科技含量低的创新群体成员较低的学习成本，科技含量高的创新群体成员较高的学习成本。在这种情况下，$(n_{HL}, n_{LH}) = (0, m_L)$ 构成一个唯一的均衡点。在此范围内，所有科技含量低的创新群体成员都与（向）科技含量高的创新群体成员交流学习，而科技含量高的创新群体成员都不与（向）科技含量低的创新群体成员交流学习。$(n_{HL}, n_{LH}) = (0, m_L)$ 的含义是科技含量低的创新群体成员通过与（向）科技含量高的创新群体成员的交流学习可以得到很多益处，并且是收获大于学习成本的；相比较而言，科技含量高的创新群体成员无法通过与（向）科技含量低的创新群体成员交流学习得到更多益处，这种收获相对于与他们交流学习的成本而言是偏低的。

（三）不同类型创新群体成员交流学习均衡的社会福利和市场失灵分析

将不同类型创新群体成员交流学习均衡的社会福利定义为所有创新群体成

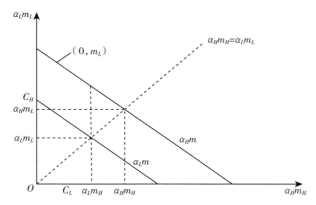

图 6-9 不同类型创新群体成员在低成本 $C_H > \alpha_H m_L$
和高成本 $C_L \leqslant \alpha_L m_H$ 时交流学习均衡

员的效用之和，即可以表示如式（6-3）所示：

$$W = m_H U_H + m_L U_L \qquad (6-3)$$

因此，根据效用函数（6-1）和（6-2）可以计算出下列各式：

$$W(0, 0) = m_H U_H + m_L U_L = \alpha_H m_H^2 + \alpha_L m_L^2 \qquad (6-4)$$

$$W(m_H, 0) = m_H U_H + m_L U_L = (\alpha_H m - C_H) m_H + \alpha_L m m_L$$
$$= m(\alpha_H m_H + \alpha_L m_L) - m_H C_H \qquad (6-5)$$

$$W(0, m_L) = m_H U_H + m_L U_L = \alpha_H m m_{H^*} + (\alpha_L m - C_L) m_L$$
$$= m(\alpha_H m_H + \alpha_L m_L) - m_L C_L \qquad (6-6)$$

$$W(m_H, m_L) = m_H U_H + m_L U_L = (\alpha_H m - C_H) m_H + (\alpha_L m - C_L) m_L$$
$$= m(\alpha_H m_H + \alpha_L m_L) - m_H C_H - m_L C_L \qquad (6-7)$$

因此可以得到

$$W(m_H, m_L) < \min[W(m_H, 0), W(0, m_L)] \qquad (6-8)$$

上述不等式表明每一类创新群体成员全部都与（向）另外一类创新群体成员交流学习时，社会福利最低。

当 $m_H C_H \leqslant m_L C_L$ 时，$W(m_H, 0) > W(0, m_L)$；当 $m_H C_H > m_L C_L$，时，$W(m_H, 0) < W(0, m_L)$。这表明，每一类创新群体成员与（向）另外一类创新群体成员交流学习的总成本低于另外一类创新群体时，社会福利较高。因此社会的潜在的最优结果只能是 $\min[W(m_H, 0), W(0, m_L)]$ 或者是 $W(0, 0)$，当且仅当：

$$W(0，0)=m_H U_H+m_L U_L=\alpha_H m_H^2+\alpha_L m_L^2\leqslant \min[W(m_H，0)，W(0，m_L)]\Leftrightarrow$$

$$\begin{cases} \alpha_H m_H^2+\alpha_L m_L^2\leqslant m(\alpha_H m_H+\alpha_L m_L)-m_H C_H \\ \alpha_H m_H^2+\alpha_L m_L^2\leqslant m(\alpha_H m_H+\alpha_L m_L)-m_L C_L \end{cases}\Leftrightarrow$$

$$\begin{cases} \alpha_H m_H^2+\alpha_L m_L^2\leqslant \alpha_H m_H^2+\alpha_H m_H m_L+\alpha_L m_L^2+\alpha_L m_H m_L-m_H C_H \\ \alpha_H m_H^2+\alpha_L m_L^2\leqslant \alpha_H m_H^2+\alpha_H m_H m_L+\alpha_L m_L^2+\alpha_L m_H m_L-m_L C_L \end{cases}\Leftrightarrow$$

$$\begin{cases} C_H\leqslant (\alpha_H+\alpha_L)m_L \\ C_L\leqslant (\alpha_H+\alpha_L)m_H \end{cases}$$

当两类创新群体成员交流学习成本都比较低或者交流学习的网络效应总系数（$\alpha_H+\alpha_L$）比较大的时候，总存在一类创新群体成员与（向）另外一类创新群体成员交流学习。

根据对均衡点和社会福利的分析，可以得到命题 4。

命题 4

（1）$\begin{cases} C_H\geqslant (\alpha_H+\alpha_L)m_L \\ C_L\geqslant (\alpha_H+\alpha_L)m_H \end{cases}$ 成立时，（0，0）是交流学习均衡点，也是社会最优点。

（2）$\begin{cases} \alpha_H m_L\leqslant C_H\leqslant (\alpha_H+\alpha_L)m_L \\ \alpha_L m_H\leqslant C_L\leqslant (\alpha_H+\alpha_L)m_H \end{cases}$ 成立时，（0，0）是交流学习均衡点，但不是社会最优点。

（3）$\begin{cases} C_H\leqslant \min\left[\alpha_H m_L，\dfrac{m_L C_L}{m_H}\right] \\ \alpha_L m_H<C_L<(\alpha_H+\alpha_L)m_H \end{cases}$ 成立时，（m_H，0）是交流学习均衡点，也是社会最优点。

（4）$\begin{cases} C_H\leqslant \min\left[\alpha_H m_L，\dfrac{m_L C_L}{m_H}\right] \\ C_L\geqslant (\alpha_H+\alpha_L)m_H \end{cases}$ 成立时，（m_H，0）是交流学习均衡点，但不是社会最优点。

（5）$\begin{cases} C_L\leqslant \min\left[\alpha_L m_H，\dfrac{m_H C_H}{m_L}\right] \\ \alpha_H m_L<C_H<(\alpha_H+\alpha_L)m_L \end{cases}$ 成立时，（0，m_L）是交流学习均衡点，也是社会最优点。

（6）$\begin{cases} C_L\leqslant \min\left[\alpha_L m_H，\dfrac{m_H C_H}{m_L}\right] \\ C_H\geqslant (\alpha_H+\alpha_L)m_L \end{cases}$ 成立时，（0，m_L）是交流学习均衡点，但

不是社会最优点。

命题 4 表明当两类创新群体成员学习的成本都比较高，或者一类创新群体成员的交流学习成本比较低，另外一类创新群体成员的交流学习成本适中的情况下，均衡点就是社会最优点，不存在市场失灵；当两类创新群体成员交流学习的成本都比较适中，或者一类创新群体成员的交流学习成本比较低，另外一类创新群体成员的交流成本比较高的情况下，均衡点不是社会最优点，存在市场失灵现象。因此对于一个拥有两类创新群体的国家来说，应该为一类创新群体成员向另外一类创新群体成员交流学习的成本提供补贴，这种补贴是必要的，因为一类创新群体成员向另外一类创新群体成员学习，他们没有考虑自己交流学习会提高另外一类创新群体成员的效用，从而会促进社会福利水平的提高。

（四）结果分析

在不同的国家之间或者在同一国家内，不同水平类型的创新群体普遍存在。这些不同水平类型的创新群体相互交流学习对他们自身的创新成功及社会福利起着重要作用。本节首先定义了两类不同水平类型创新群体成员的交流学习的效用函数；其次分析了三种均衡情况和性质；最后给出了这三种均衡点和社会最优点的匹配情况，并给出了不同水平类型创新群体成员的交流学习存在市场失灵现象的理论解释及政府应该给予政策上的补贴支持。

本节的不同水平类型创新群体成员的交流学习福利分析没有考虑到交流学习和维持不同水平类型的创新群体成员存在的两个相关的重要问题：①多元水平类型创新群体成员的存在可以给一个社会或者不同社会的不同创新群体间带来更激烈的竞争，从而带来社会进步；②一类创新群体成员与（向）另一类创新群体成员交流学习的好处不仅限于提高和更多的人进行交流学习的能力，还可以提高他们的思维能力、创新能力和创业效率。

二、产学研合作群体关系网络对创新的影响分析

（一）产学研合作人员关系网络分析

产学研合作人员关系与创新关系具有重叠部分，因此要理顺这两种关系如何通过公共部分发挥影响。本研究认为人员关系对创新关系的影响，既取决于人员关系对交集中节点所提供的信息和交集中这些节点在创新关系中的作用，又取决于交集中这些节点的相互作用。可以用图 6-10 刻画这些复杂联系。

在图 6-10 中，F 为产学研人员，S 为创新人员。椭圆中的公共节点为核

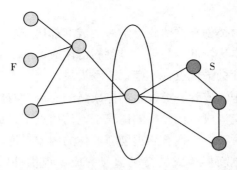

图 6-10 产学研合作人员关系与创新关系间的超网络

心人员，他与 4 位产学研合作成员中的 3 人有密切联系；而在创新中他与每位成员都有联系。可以构造一个影响强度指标来刻画产学研合作人员关系对创新关系的影响程度大小。

（二）产学研合作人员关系网络影响创新的度量指标

1. 产学研合作人员关系对创新路径强度的影响

考虑产学研合作人员关系对创新的影响必然要沿着跨越这两种联系的公共节点的路径进行，因此 F 与 S 之间的公共路径数目的多少必定影响人员关系对创新的作用大小。定义人员关系对创新的路径强度如下：

$$X(\mathrm{F,S}) = \sum_{i=1}^{C} \frac{|d_{\mathrm{F},i}^{1}| \times |d_{\mathrm{S},i}^{1}|}{E_{\mathrm{F}} \times E_{\mathrm{S}}} \qquad (6-9)$$

其中，C 为人员关系 F、创新关系 S 中公共节点的个数，$|d_{\mathrm{F},i}^{1}|$ 为人员关系 F 中到达公共 i 长度为 1 的节点的数目，其等同于 F 中直接到达公共 i 的边数；$|d_{\mathrm{S},i}^{1}|$ 为创新关系 S 中到达公共 i 长度为 1 的节点的数目，其等同于 S 中直接到达公共 i 的边数；E_{F} 为在人员关系 F 中现有的边数，E_{S} 为在创新关系 S 中现有的边数。在图 6-5 中，公共节点只有 1 个，$C=1$，在人员关系 F 中，$|d_{\mathrm{S},i}^{1}|=2$，$E_{\mathrm{F}}=5$；在创新关系 S 中，$|d_{\mathrm{F},i}^{1}|=3$，$E_{\mathrm{s}}=5$。因此，可以得到：

$$X(\mathrm{F, S}) = \sum_{i=1}^{C} \frac{|d_{\mathrm{F},i}^{1}| \times |d_{\mathrm{S},i}^{1}|}{E_{\mathrm{F}} \times E_{\mathrm{S}}} = \frac{2 \times 3}{5 \times 5} = 0.24$$

当 F，S 关系中所有边都与唯一公共点相连时，$X(\mathrm{F, S})$ 到达最大值 1。

2. 产学研合作人员关系的点强度

产学研合作人员关系节点由于接近公共节点距离的差异，其对创新的影响必定是不同的。设 $|d_{\mathrm{F}}^{i}|$ 为人员关系 F 中到达公共节点距离为 i 的节点数目，d 为设定的到达公共节点的最长距离，δ 为衰减系数，$0<\delta<1$，V_{F} 为人员关系

F 中节点总数，则人员关系 F 的点强度为：

$$Y_{F} = \frac{\sum_{i=1}^{D} \delta^{i-1} |d_{F}^{i}|}{V_{F}} \qquad (6-10)$$

公式（6-10）表明人员关系 F 中节点趋向公共节点的稠密程度，即距离公共节点的密度越大，其对创业的影响力越强。当人员关系 F 中所有节点都与公共节点直接相连时，Y 到达最大值 1。设定 $d=2$，$\delta=0.5$，$|d_{F}^{1}|=2$，$|d_{F}^{2}|=2$，$V_{F}=4$，则人员关系 F 的点强度为：

$$Z_{F \to S} = X(F, S)\frac{Y_{F}}{Y_{F}+Y_{S}} \qquad (6-11)$$

这个公式表明人员关系 F 对创新的影响强度，不仅取决于跨越人员关系和创新的桥梁数目，还取决于人员关系 F 相对于创新趋向公共节点的点密度的相对分量。$Z_{F \to S}$ 的数值越大，表明人员关系 F 对创新的影响越强烈。

（三）产学研人员利用关系的创新过程描述及对创新影响程度分析

分析产学研人员关系与创新关系是社会关系中两个关系。在产学研人员关系中，人员身份可能是开发设计人员或者科技成果转化人员，同时在合作创新关系中人员身份可能是领军人才或者是普通创新者。不论研究人员是什么角色，人员关系必须通过公共节点发生作用和影响。下面研究人员利用人员关系的创新过程。

图 6-11 显示了一个人员关系与合作创新的关系。图 6-11~图 6-14 说明了一个研究人员逐步与关系成员 i 所在的同一领域的创新过程：①创新前阶段，只有人员 i 在该领域创新；②研究人员 j 进入 i 同一领域创新，但没有与该领域的其他人员建立联系，只能通过 i 现有的联系进行创新；③研究人员 j 已经与该领域的人员建立联系；④研究人员 j 与人员 i 完全共享创新过程的人员联系。具体过程描述如下。

上述 4 图显示了不同情形下人员关系对创新联系作用的影响方式，椭圆的左侧为人员关系，右侧为创新联系，中间的椭圆部分为跨越关系与创新两个联系的公共部分。

假定人员关系为 F，节点总数为 V_{F}，边数为 E_{F}；创新关系 S，节点总数为 V_{S}，边数为 E_{S}；同时假定 i 在人员关系 F 中有 m 条连接，在创新关系 S 中有 n 条连接，j 在家庭关系 F 中有 r 条连接；j 和 i 共享节点数为 pm（其中 p 为共享的概率），在这里假定两个关系的节点到达公共节点的最大距离为 2。

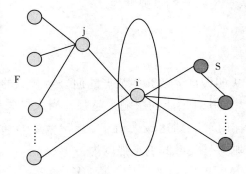

图 6-11　唯一研究人员 i 进行创新，与其关系人员 j 有直接联系

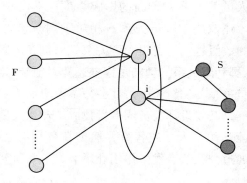

图 6-12　研究人员 j 进入 i 同一领域，但没有与该领域人员建立联系

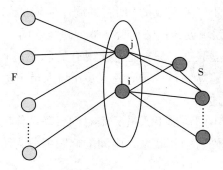

图 6-13　研究人员 j 已经与该领域的人员建立联系

　　由于 j，i 在人员关系中的紧密联系，因而他们在网络中必然分享对方的共同资源。分享的共同资源分为两类：一类是 j，i 分享对方节点；另一类是分享对方的连接关系，即借助特殊关系，借用对方的连接关系，例如 j 通过边

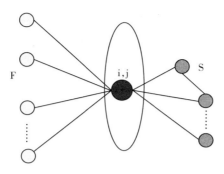

图 6-14　研究人员 j 与 i 完全共享创新领域的人员

$e(j，i)$ 借用 i 节点的创新关系。

在图 6-11 中，到达公共节点的距离为 1 的节点数为 m，则距离为 2 的节点数 m 为 V_F-m。根据公式，可以得出人员关系 F 对创新关系 S 的影响程度为：

$$Z_{F \to S} = \frac{mn}{E_F E_S} \times \frac{\dfrac{m+\delta(V_F-m-1)}{V_F}}{\dfrac{m+\delta(V_F-m-1)}{V_F} + \dfrac{n+\delta(V_S-n-1)}{V_S}} \quad (6-12)$$

在图 6-12 中，人员 j 进入与 i 同一的创新领域，但暂时还没有与该创新领域的成员建立联系。假设此时人员 j 以概率从 p_j 到 i 的创新领域关系中借用 $p_j n$ 边进行联系，同时 i 以概率从 p_i 到 j 的人员关系中借用 $p_i r$ 边进行联系，在人员 j 进入创新领域成为公共节点时，与其连接的 $r-pm$ 个节点的距离长度缩短为 1。根据上述分析，可以得出人员关系 F 对创新关系 S 的影响程度为：

$$Z_{F \to S} = \frac{r \times p_j n + (m+p_i r)n}{E_F E_S} \times \frac{\dfrac{m+r-pm+\delta(V_F-m-r+pm-2)}{V_F}}{\dfrac{m+r-pm+\delta(V_F-m-r+pm-2)}{V_F} + \dfrac{n+\delta(V_S-n-1)}{V_S}}$$

$$(6-13)$$

在图 6-13 中，人员 j 成为公共节点，同样与该创新领域的 n 个成员建立联系，其中 pn 个为 j 和 i 创新成员的共享节点，可以得出人员关系 F 对创新关系 S 的影响程度为：

$$Z_{F \to S} = \frac{(r+p_j m) \times (n+p_j n) + (m+p_i r) \times (n+p_i n)}{E_F (E_S + n)} \times$$

$$\cfrac{\cfrac{m+r-pm+\delta(V_F-m-r+pm-2)}{V_F}}{\cfrac{m+r-pm+\delta(V_F-m-r+pm-2)}{V_F}+\cfrac{n+(1-p)n+\delta(V_S-n-(1-p)n-1)}{V_S}}$$

$$(6-14)$$

在图 6 - 14 中，这是一种终极状态，j 和 i 完全共享对方的联系，可以得出人员关系 F 对创新关系 S 的影响程度为：

$$Z_{F\to S}=\frac{(r+m)\times(n+p_j n)+(m+p_i r)\times(n+p_i n)}{E_F(E_S+n)}\times$$

$$\cfrac{\cfrac{m+r-pm+\delta(V_F-m-r+pm-2)}{V_F}}{\cfrac{m+r-pm+\delta(V_F-m-r+pm-2)}{V_F}+\cfrac{n+(1-p)n+\delta(V_S-n-(1-p)n-1)}{V_S}}$$

$$(6-15)$$

（四）研究人员利用关系对创新过程影响程度分析

通过研究人员利用关系进行创新的四种情况（对应图 6 - 11～图 6 - 14），分析人员关系对创新的影响程度变化，应用公式（6 - 12）～公式（6 - 15）做数值模拟实验，得到图 6 - 15。其中 $V=20$，$V_S=150$，$E_F=200$，$E_S=450$，$\delta=0.5$，$P_j=p_i=p=0.8$，$n=40$。

图 6 - 15 和图 6 - 16 表明人员关系 F 影响创新的强度随着公共节点在人员关系的连接数目或者创新中的连接数目增加而不断增加，并且有 $E_d>E_c>E_b>E$。

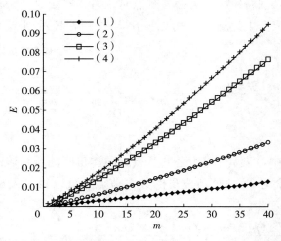

图 6 - 15　影响强度随公共节点在人员关系连接数目 m 变化时的情况

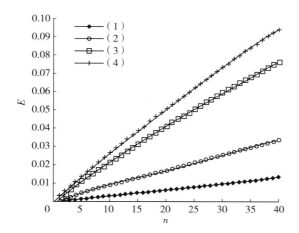

图6-16 影响强度随公共节点在创新关系连接数目 n 变化时的情况

图6-17表明人员关系F影响创新的强度随着公共节点共享人员联系的概率或者创新联系的概率的增加而不断增加，并且区分出对公共节点原有的连接点数目的四种差异性，即 $m=10$，$n=10$；$m=10$，$n=30$；$m=30$，$n=10$；$m=30$，$n=30$，整体来看，其对应的影响强度依次递增，而 $m=10$，$n=10$；$m=10$，$n=30$；$m=30$，$n=10$ 三种情况的变化不显著。图6-18表明影响强度随公共节点共享人员节点或者创新节点 p 概率的增加而减少，整体来看，其对应的影响强度依次递减，而 $m=10$，$n=10$；$m=10$，$n=30$；$m=30$，$n=10$ 三种情况的变化不显著。很明显，共享人员联系或者创新联系的概率 q 对人员关系F影响创新的强度增加幅度，超过共享人员节点或者创新节点 p 概率的变化。

（五）不同情况讨论和结果分析

1. 不同情况的讨论

研究人员利用关系进行创新的四种情况，说明了一个研究人员逐步进入与自己关系亲密者创新领域的全过程。随着这个过程的进行，研究人员关系对创新的影响强度在不断增加，到最后两人完全共享双方的资源，这时研究人员关系对创新的影响强度到达最大值。

随着公共节点在人员关系连接数目 m 或者创新关系连接数目 n 的增加，研究人员关系对创新的影响强度也不断增加，这与研究人员实际创新的现实是一致的。由于研究人员关系与创新关系内部连接度存在差异，公共节点在这两种关系的连接度也不同。在图6-12中，四种 m、n 的不同组合代表四种不同

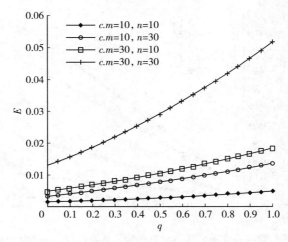

图 6-17　影响强度随公共节点共享人员联系或者创新联系的 $p_i = p_j = q$ 变化情况

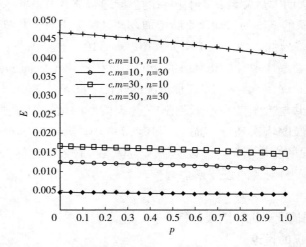

图 6-18　影响强度随公共节点共享人员节点或者创新节点 p 概率的变化情况

类型的公共节点。比如公共节点在研究人员关系中是内向型研究人员（$m=$ 10），同时在创新关系中又是一个普通人员（$n=10$）；如果是内向型研究人员（$m=10$），同时在创新关系中又是一个核心人物（$n=30$）；如果是活跃型研究人员（$m=30$），同时在创新关系中又是一个普通人员（$n=10$）；如果是一个活跃型研究人员（$m=30$），同时在创新关系中又是一个核心任务（$n=30$）。图 6-12 表明公共节点在研究人员关系或者创新关系中的地位越高（连接数目越大），研究人员关系对创新关系的影响强度越大。

比较共享连接关系与共享节点的差异，图 6 - 12、图 6 - 14 显示了共享连接关系和共享节点的比较结果，研究人员关系对创新关系的影响强度大。这是因为共享连接关系十分有利于人员关系和创新关系这两个网络之间连通路径的建立。在研究人员关系对创新关系的影响强度中，共享双方的联系更有助于超网络的形成。因此，研究人员关系对创新影响强度的大小，反映了研究人员朋友圈对创新影响的强弱，研究人员和朋友同在一个技术领域，将有助于研究人员取得创新成功。这就从网络的角度解释了研究人员往往从朋友的技术领域开始创新的社会合理性及内在的科学合理性。

2. 结果分析

研究人员朋友圈关系对创新关系的影响在研究人员创新的现实中普遍存在，这两种关系之间产生非常复杂的相互作用行为。本节首先定义了研究人员关系对创新路径强度 $X(F, S)$，其次定义了研究人员关系的点强度，最后给出了研究人员关系对创新的影响强度指标 $Z_{F \cdot S}$，并利用该指标分析了研究人员创新过程中研究人员关系对创新的影响，以及给出了超网络上的理论解释。

现实中研究人员创新对应于研究人员的朋友圈和创新关系的超网络，一般的方法是将其关系抽取出来单独进行研究，这种方法割裂了两者之间的内在联系。本节给出的研究人员关系对创新的影响强度指标，有利于揭示研究人员关系和创新关系之间的相互作用，并从理论上解释，研究人员创新的成功不仅仅是创新过程的本身，还和研究人员朋友圈关系密切相关。因此要提高研究人员创新成功的概率，可以从改善研究人员的朋友圈和创新的关系着手。

三、基于资源、竞争和环境涨落的产学研创新研究

（一）资源限制下产学研创新人数的一维逻辑斯蒂增长模型

考虑自然资源和人口规模有限导致的产学研创新规模的限制，建立如下模型：

$$\frac{\mathrm{d}x}{\mathrm{d}t} = f(x) = bx(N-x) - Dx = bx(N^* - x) \qquad (6 - 16a)$$

$$x^* = N^* = N - \frac{D}{b} \qquad (6 - 16b)$$

这里，t 是时间，x 是产学研创新的人口数；N 是特定资源的负载能力，它是相应技术的函数，对同样的自然资源而言，更高的技术对应着更高的资源负载能力；b 是产学研创新的增长率。N^* 是资源限制下达到的稳态产学研创

新人数，x 是已知产学研创新的人数，$(N-x)$ 是后创新者或未知创新者的数量。b 和 D 表示创新的成功率和失败率。这个方程的解是 S 形曲线，资源上限为 N^*。

在一定的历史条件下，特定资源 N 是已有技术、人口、资源限度、价格和成本结构的函数，不仅仅是总人口的概念。例如，虽然 2017 年末中国就业人口已经达到 77 640 万人，但中国适合产学研创新的地区主要分布在东部的一些经济发达的地方，如广东、浙江、江苏。现代创新的特征可以用一系列的创新活动来表示，每一次创新都将环境资源的规模提升到一个新的台阶。逻辑斯蒂曲线有着变化的规模报酬率（先递增而后递减）。从方程（6-16）可知，对函数 $f(x)$ 的一阶导数来说，当 $x<N^*$ 时，有 $f'>0$。S 形曲线的拐点是 $x=N^*$，该点的二阶导数 $f''=0$。当 $0<x<N^*$ 时，$f''>0$，增长为递增；而 $x>\dfrac{N^*}{2}$ 时，$f''<0$，增长为递减。

（二）资源重叠、动态均衡和二维竞争模型

产学研不同种类创新的特征包括规模经济和范围经济，因此可以从一维的描述创新人数的逻辑斯蒂模型，推广到二维的产业一方和学研另一方创新竞争模型。当两类创新人群进行创新竞争时，可以建立如下的竞争方程：

$$\begin{cases} \dfrac{\mathrm{d}x_1}{\mathrm{d}t}=b_1 x_1(N_1-x_1-\rho_1 x_2)-D_1 x_1=b_1 x_1\left(N_1-\dfrac{D_1}{b_1}-x_1-\rho_1 x_2\right) \\ \dfrac{\mathrm{d}x_2}{\mathrm{d}t}=b_2 x_2(N_2-x_2-\rho_2 x_1)-D_2 x_2=b_2 x_2\left(N_2-\dfrac{D_2}{b_2}-x_2-\rho_2 x_1\right) \end{cases}$$

$$(6-17a)$$

这里 x_1，x_2 分别是产业一方和学研另一方的创新人数；N_1 和 N_2 分别表示各自资源的负载能力；b_1 和 b_2 是他们的成功率；D_1 和 D_2 是他们的失败率；ρ_1 和 ρ_2 是资源重叠系数（$0<\rho_1$，$\rho_2<1$）。引入有效资源负载量 $C_i=N_i-D_i/b_i$，（6-17a）可简化为

$$\begin{cases} \dfrac{\mathrm{d}x_1}{\mathrm{d}t}=f(x_1，x_2)=b_1 x_1(N_1-x_1-\rho_1 x_2)-D_1 x_1=b_1 x_1(C_1-x_1-\rho_1 x_2) \\ \dfrac{\mathrm{d}x_2}{\mathrm{d}t}=g(x_1，x_2)=b_2 x_2(N_2-x_2-\rho_2 x_1)-D_2 x_2=b_2 x_2(C_2-x_2-\rho_2 x_1) \end{cases}$$

$$(6-17b)$$

当 ρ_1 和 ρ_2 为零的时候，竞争不存在，产业一方和学研另一方创新都增长到各自资源负载容许的最大极限 C_1 和 C_2。当 ρ_1 和 ρ_2 不为零时，他们可能共

存，也可能一个替换另一个。两种类别创新人数竞争的结果依赖于公式中的参数和初始条件。

1. 竞争模型的平衡点和稳定性分析

根据微分方程组（6-17b），求解代数方程组，可以得到 4 个平衡点，$Q_1(C_1，0)$，$Q_2(C_2，0)$，$Q_3\left(\dfrac{C_1-\rho_1 C_2}{1-\rho_1\rho_2}，\dfrac{C_2-\rho_2 C_1}{1-\rho_1\rho_2}\right)$，$Q_4(0，0)$。因为只有当平衡点位于平面坐标系的第一象限时有实际意义，所以 Q_3 要求 $\rho_1\rho_2<1$ 及 $\rho_1<\dfrac{c_1}{c_2}$ 和 $\rho_2<\dfrac{c_2}{c_1}$。

根据判断平衡点稳定性的方法计算：

$$A=\begin{bmatrix} f_{x1} & f_{x2} \\ g_{x1} & g_{x2} \end{bmatrix}=\begin{bmatrix} b_1(C_1-2x_1-\rho_1 x_2) & -b_1\rho_1 x_1 \\ -b_2\rho_2 x_2 & b_2(C_2-2x_2-\rho_2 x_1) \end{bmatrix}$$

$$(6-18)$$

$$p=-(f_{x1}+g_{x2})|_{Q_i}，\quad i=1，2，3，4 \qquad (6-19)$$

$$q=\det A|_{Q_i}，\quad i=1，2，3，4 \qquad (6-20)$$

整理 4 个平衡点 p，q 的结果及稳定条件如表 6-1 所示。

表 6-1　产业一方和学研另一方的创新竞争模型的平衡点和稳定性

平衡点	p	q	判定条件
$Q_1(C_1，0)$	$b_1 C_1-b_2(C_2-\rho_2 C_1)$	$-b_1 b_2 C_1(C_2-\rho_2 C_1)$	$\rho_1<\dfrac{C_1}{C_2}$，$\rho_2>\dfrac{C_2}{C_1}$
$Q_1(C_2，0)$	$b_1 C_1-b_2(C_2-\rho_2 C_1)$	$-b_1 b_2 C_1(C_2-\rho_2 C_1)$	$\rho_1>\dfrac{C_1}{C_2}$，$\rho_2<\dfrac{C_2}{C_1}$
$Q_3\left(\dfrac{C_1-\rho_1 C_2}{1-\rho_1\rho_2}，\dfrac{C_2-\rho_2 C_1}{1-\rho_1\rho_2}\right)$	$\dfrac{b_1 C_1\left(1-\rho_1\dfrac{C_2}{C_1}\right)+b_2 C_2\left(1-\rho_2\dfrac{C_1}{C_2}\right)}{1-\rho_1\rho_2}$	$\dfrac{b_1 b_2 C_1 C_2\left(1-\rho_1\dfrac{C_2}{C_1}\right)\left(1-\rho_2\dfrac{C_1}{C_2}\right)}{1-\rho_1\rho_2}$	$\rho_1<\dfrac{C_1}{C_2}$，$\rho_2<\dfrac{C_2}{C_1}$
$Q_4(0，0)$	$-(b_1 C_1+b_2 C_2)$	$b_1 b_2 C_1 C_2$	不稳定

根据建模过程中 ρ_1 和 ρ_2 的含义，具体分析 Q_1、Q_2、Q_3、Q_4 点在创新上的意义如下。

（1）$\rho_1<\dfrac{C_1}{C_2}$，$\rho_2<\dfrac{C_2}{C_1}$。$\rho_1<\dfrac{C_1}{C_2}$ 意味着在培育学研方创新的资源竞争中，学

研方同样弱于产业方，$\rho_2 > \dfrac{C_2}{C_1}$ 意味着在培育学研方创新的资源竞争中，学研方同样弱于产业方，因此学研方在该领域上的创新人数将趋于 0，产业方创新人数趋于最大量，即平衡点 Q_1，$(C_1，0)$。例如家具业、建筑业和美容业等行业的创新上，产业方的创新人数最多，学研方的创新人数最低，接近 0。

（2）$\rho_1 < \dfrac{C_1}{C_2}$，$\rho_2 < \dfrac{C_2}{C_1}$。$\rho_1 < \dfrac{C_1}{C_2}$ 意味着在培育产业方创新的资源竞争中，学研方强于产业方；$\rho_2 > \dfrac{C_2}{C_1}$ 意味着在培育学研方创新的资源竞争中，学研方同样强于产业方，因此产业方在该领域上的创新人数将趋于 0，学研方创新人数趋于最大量，即平衡点 Q_2，$(C_2，0)$。例如在深海探测领域的创新上，学研方创新人数最多，产业方创新的人数最低，接近 0。

（3）$\rho_1 < \dfrac{C_1}{C_2}$，$\rho_2 < \dfrac{C_2}{C_1}$。$\rho_1 < \dfrac{C_1}{C_2}$ 意味着在培育产业方创新的资源竞争中，学研方较弱；$\rho_2 < \dfrac{C_2}{C_1}$ 意味着在培育学研方的资源竞争中，产业方较弱，于是双方可以达到共存的稳定的平衡点 $Q_3\left(\dfrac{C_1 - \rho_1 C_2}{1 - \rho_1 \rho_2}，\dfrac{C_2 - \rho_2 C_1}{1 - \rho_1 \rho_2}\right)$。例如在互联网、人工智能和大数据等领域的创新上，产业方和学研方创新的人数都各自有一定的比例。

（4）$\rho_1 > \dfrac{C_1}{C_2}$，$\rho_2 > \dfrac{C_2}{C_1}$。$\rho_1 > \dfrac{C_1}{C_2}$ 意味着在培育产业方创新的资源竞争中，学研方强于产业方；$\rho_2 > \dfrac{C_2}{C_1}$ 意味着在培育学研方的资源竞争中，产业方强于学研方，于是双方进行创新资源的恶性竞争，Q_4，$(0，0)$ 是一个不稳定点，这种创新情况很少出现。

产业方和学研方创新中存在一个竞争排斥原理：若两种类别的单个成员消耗的资源差不多相同，而资源环境能承受的产业方资源数量 C_1 大于学研方资源数量 C_2，产业方将胜出，学研方创新人数为 0。胜者的条件是具有更高的资源负载量，更高的成功率，或更低的失败率。

2. 不同技术变化下的创新阶段

新旧技术对产业方创新有重要影响。新技术的特征是比旧技术有更高的资源负载能力。当新技术成长起来以后，产业方创新和学研方创新共存的条件是：

$$\rho_1 < \frac{C_1}{C_2}, \quad \rho_2 < \frac{C_2}{C_1} \qquad\qquad (6-21a)$$

产业方创新和学研方创新共存的稳态解为：

$$\begin{cases} x_1 = \dfrac{C_1 - \rho_1 C_2}{1 - \rho_1 \rho_2} < C_1 \\[2mm] x_2 = \dfrac{C_2 - \rho_2 C_1}{1 - \rho_1 \rho_2} < C_2 \end{cases} \qquad\qquad (6-21b)$$

两种技术共存的稳态值分别低于没有竞争者时创新的稳态值。两者加总的整体经济的红色包络线，呈现出宏观上既有增长又有波动的特征（图 6-19）。每种技术都有规模递增到规模递减的增加过程，可由不同资源负载量的逻辑斯蒂曲线描写。新技术取代旧技术，或与旧技术竞争共存的转折时期，加总的创新人数会由于旧技术效率的下降而出现暂时的下降，呈现出又有增长又有波动的运动。

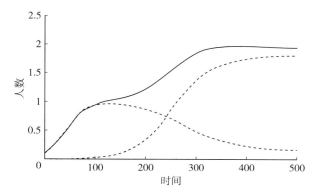

图 6-19　新技术对旧技术的创新人数的变化关系

（三）面临新技术和新市场时的不同风险偏好的产业方创新

从产业方创新的表现来看，可观察的不是他们的理性动机，而是行为态度。考虑行为因素在创业上的表现，当面对一个未知的创新市场或者尚未被大众接受的创新技术时，可以观察到风险规避和风险爱好的相反取向。风险规避的特点是从众行为，人少观望，人多跟进，以规避进入新领域的未知风险；风险爱好者的特点是冒险行为，人少勇进，人多离群，以把握占领新领域的可能机会。

前述的产业方创新人数的一维逻辑斯蒂模型方程，主要描述了失败率是常数下的产业方创新的风险中性行为。为了分析产业方创新的不同风险偏好，引

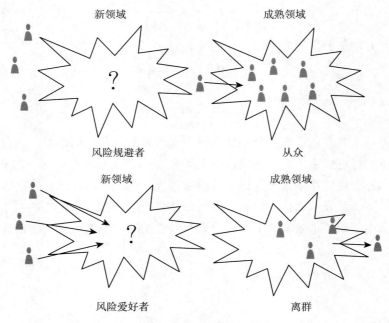

图 6-20　不同风险偏好行为的产业方创新特点

入一个非线性的失败率函数，它是已知的产业方创新在总人口中的比例和风险偏好系数 a：

$$D\left(d,\ c,\ \frac{x}{N}\right)=d\left(1-a\frac{x}{N}\right) \qquad (6-22)$$

这里，$(-1<a<1)$，将常数 d 当作产业方创新的测量。系数 a 是风险倾向的测量，当 $0<a<1$，它描写保守的风险规避行为，当只有很少的人进入创新时，不愿意创新，当越来越多的人进入创新时，愿意创新的人数量增加；反之，若 $-1<a<0$，它描写风险爱好行为，当只有很少的人进入创新时，愿意创新，当越来越多的人进入创新时，不愿意创新。如果用一根横轴 a 来代表产业方创新风险偏好的程度，a 从 -1 变到 $+1$，可以得到一个完整的行为谱。轴的左端是高度风险偏好，例如传统的计划经济和当代的市场经济产业方创新行为，渐次从左端过渡到右端的风险偏好，多数的创新行为处在两个极端之间。

1. 不同风险偏好下产业方创新的资源利用效率情况

资源限制下的稳态产业方创新人数可以从方程（6-22）求出，在非中性行为的条件下，公式（6-16b）的修正如下：

$$\frac{x^*}{N} = \frac{\left(1 - \dfrac{d}{Nb}\right)}{\left(1 - \dfrac{ad}{Nb}\right)} \tag{6-23}$$

不同的风险倾向导致了不同的资源利用效率。具有风险偏好行为的产业方创新资源利用率低于风险规避的资源利用率：

$$x^*_{c<0} < x^*_{c=0} < x^*_{c>0} \tag{6-24}$$

当 $Nb=1$ 时，对风险规避型来说，$d=0.2$，$a=0.5$，有 $x^*_{0.5}=0.89N$；对风险偏好型来说，$d=0.9$，$a=-0.5$，有 $x^*_{-0.5}=0.069N$。

从式（6-24）可以得到一个重要推论，要维持同样的产业方创新均衡人口规模 n^*，风险偏好行为比风险规避的行为需要更大的资源空间。中国地少人多，中国产业方创新行为应该建立在规避行为的基础上，即建立在节省资源、开发智力和多样发展基础上的技术创新，才能在资源稀缺、人口众多、地域多样的中国发展产业。

2. 环境涨落对女性创业广度和稳定性的影响

考虑无法预料的因素，使得资源负载量 N 受到随机冲击的影响，随机变量的方差为 σ^2，可以建立如下的模型：

$$\begin{cases} \dfrac{\mathrm{d}x}{\mathrm{d}t} = f(x) = bx(N-x) - Dx = (bN-d)x - \left(b - \dfrac{ad}{N}\right)x^2 \\ N = N + \xi \end{cases}$$
$$\tag{6-25}$$

应用随机积分方法，得到偏差函数为：

$$f_c(x) = bx(N-x) - Dx = (bN-d)x - \left(b - \frac{ad}{N}\right)x^2 - \frac{x}{2}\sigma^2$$
$$\tag{6-26}$$

$$x^* = N \frac{\left(1 - \dfrac{d}{bN} - \dfrac{\sigma^2}{2bN}\right)}{\left(1 - \dfrac{ad}{bN}\right)} < N \tag{6-27}$$

$$x^* = 0 \ \text{当}\ \sigma > \sigma_c = \sqrt{2bN\left(1 - \frac{d}{bN}\right)} \tag{6-28}$$

环境涨落下的产业方创新稳态人数小于没有涨落时的稳态人数。当涨落方差大到超过某一临界值时，产业方创新系统会突然崩溃（$x^*=0$）。

（四）创新竞争、风险偏好和产学研创新的稳定性问题

产学研创新能否发展，不同风险偏好创新竞争排斥还是共存，可以使用不同风险偏好的产业方创新竞争模型，把风险偏好的函数（6－22）引入竞争方程（6－17）。两个具有不同风险偏好的竞争模型可写为式（6－29a）：

$$\begin{cases} \dfrac{\mathrm{d}x_1}{\mathrm{d}t}=b_1 x_1(N_1-x_1-\rho_1 x_2)-d_1\left(1-a_1\dfrac{x_1}{N_1}\right)x_1 \\[3mm] \dfrac{\mathrm{d}x_2}{\mathrm{d}t}=b_2 x_2(N_2-x_2-\rho_2 x_1)-d_2\left(1-a_2\dfrac{x_2}{N_2}\right)x_2 \end{cases} \quad (6-29a)$$

这里 x_1，x_2 分别是产业方创新和学研方创新人数；在创新竞争中，他们分别代表已经进行了成功创新。把上述模型可以简化为：

$$\begin{cases} \dfrac{\mathrm{d}x_1}{\mathrm{d}t}=(b_1 N_1-d_1)x_1\left[1-\dfrac{b_1 N_1-a_1 d_1}{(b_1 N_1-d_1)N_1}x_1-\dfrac{\rho_1 b_1}{b_1 N_1-d_1}x_2\right] \\[4mm] \dfrac{\mathrm{d}x_2}{\mathrm{d}t}=(b_2 N_2-d_2)x_2\left[1-\dfrac{b_2 N_2-a_2 d_2}{(b_2 N_2-d_2)N_2}x_2-\dfrac{\rho_2 b_2}{b_2 N_2-d_2}x_1\right] \end{cases}$$

$$(6-29b)$$

1. 赶超战略和熊彼特的创新精神

根据上述方法，求出产业方创新赶超并取代学研方创新的条件：

$$\rho_2>\dfrac{C_2}{C_1}+\dfrac{\dfrac{2a_1 d_1}{N_1}-b_1}{b_2} \quad (6-30)$$

和式（6－18）相比，式（6－30）包括了非中性的风险偏好行为。从式（6－30）可知，具有风险偏好的产业方创新更容易赶超学研方创新，甚至有可能在稍微落后的情形下，接近和取代学研方创新领域。例如，华为是技术驱动型企业，从华为现有三大业务板块来看，无论是运营商业务、企业业务，还是消费者业务，华为都是靠产品创新、解决方案创新赢得了客户和用户，在基础通信、续航、拍照、芯片、人工智能、软硬件优化等众多方面确立了行业领先地位，超越了任何一个学研方技术创新领域。

产业方创新要和学研方创新进行竞争，唯一的生存战略是进行技术创新，扩张资源的负载量（增加 N_1），或提高自己的学习能力（增加 b_1 或减小 d_1）。如果把产业方创新精神看成一种风险偏好行为，就能得出技术创新是产业方创新的生命线。一旦产业方创新没能扩张新的资源，具有风险偏好行为的产业方创新在创新竞争中便输给了学研方。

2. 竞争共存的条件和复杂系统的多样性

可以用产业方创新和学研方创新的共存来描述创新发展的多元化趋势。从式（6－29b）可以求出这两个不同类别创新共存的条件：

$$\rho_1 < \frac{C_1}{C_2}\left(1 - \frac{a_2 d_2}{b_2 N_2}\right) \text{且} \ \rho_2 < \frac{C_2}{C_1}\left(1 - \frac{a_1 d_1}{b_1 N_1}\right) \qquad (6-31)$$

式（6-31）比较复杂，这里集中讨论完全竞争（$p_1 = p_2 = 1$）的情形：

式（6-31）和式（6-21）相比，有更一般的理论结果。在公式（6-21a）中，两个完全竞争的产业方和学研方创新不可能共存。但从式（6-31）中可以看出，虽然两个风险规避的产业方和学研方创新不可能共存，但是两个风险偏好的产业方和学研方创新可以共存。可见，风险竞争模型克服了两个不同类别竞争模型带来的理论困难。两个不同类别创新的竞争结果不仅取决于环境的资源负载量 N_i，还依赖行为系数 a_i。因此，非线性模型可以解释不同类别创新多样性的机制。

通过研究发现，不同类别的创新要向多元化方向发展，不可能在纯保守的产学研群体中出现。中国计划经济时代创新的结果，往往是一个保守的群体取代另一个保守的群体，而缺少新的技术创业群体共生的机会。中国要发展产业方创新，必须鼓励多元创新的发展，改革教育考试制度和人事制度，不拘一格用人才。

3. 产业方创新复杂性和稳定性的消长关系

研究产业方创新竞争模型在涨落环境下的稳定性问题。环境涨落可用高斯白噪声 $B(t)$ 来描写，环境涨落使资源负载量减少，减少的幅度为除以一个因子（$1+\rho$）。

$$N_i \rightarrow N_i + \sigma B_i(t) \qquad (6-32)$$

$$x_i \rightarrow x_i^* = \frac{\left(N_i - \dfrac{D_i}{b_i}\right)}{(1+\rho_i)} = \frac{C_i}{(1+\rho_i)} \qquad (6-33)$$

$$\frac{C_i}{(1+\rho_i)}(1-\rho_i) > 0 \qquad (6-34)$$

由式（6-33）可知，随着资源竞争系数的增加，环境涨落下的系统稳定性会减少。比较竞争模型（6-29a）在涨落环境下的稳定性，其结果和式（6-33）、式（6-34）类似。由式（6-31）可知，风险规避的创新会增加资源竞争系数，即减少多元竞争系统的稳定性；而风险偏好的创新减少资源重叠系数，即增加多元竞争系统的稳定性。一般来说，创新系统的变量数增加，变量之间的相互作用强度增加，创新系统的稳定性会减少，即产业方创新的稳定性的增加以牺牲复杂性为代价，而多样性的发展又以减少系统的稳定性为代价。比如中国产业方创新主要从网络微支付、电子商务、快递服务、网络理财产品、廉价智能手机和高铁开始，正是基于产业方创新的稳定安全考虑的。

因此从稳定性和复杂性之间的消长关系出发，可以分析产业方创新的经济背景，判断进入时机。如果能抓住新技术和新市场，则风险偏好型的策略方能成功；如果面对的是停滞的市场和动荡的社会，则风险规避的战略更易被产业方采用。所以，不存在能够主宰产业方创新成功的绝对条件，也没有任何一种创新类型能够保证一定成功。

第三节　联盟企业知识管理和技术研发的策略

一、联盟企业动态能力演化中的知识管理策略

（一）充分认识环境扫描的重要性

环境扫描是企业充分认知自身能力的基础，并为企业获取新知识、进行知识创新提供保障。环境扫描是系统地检查企业内外部环境变化，并获取相关战略知识的一个有效手段。企业通过环境扫描发现自身面临的发展机会和潜在威胁，同时找出企业在环境变化后的优势和劣势。通过环境扫描，企业对内外部环境有了全面系统的掌握，有助于企业进行较为准确的战略定位，为企业获取新的竞争优势奠定基础。经常性的环境扫描犹如企业的即时预警系统，可以及时发现企业存在的问题及企业需要获取的知识。

企业进行环境扫描时应该做到以下四点。①企业应该加强信息化建设，建立有效的外部信息搜索机制，强化外部环境变化的信息资源搜集、获取和整合，发现潜在的机会或者威胁；为环境扫描工作配置一定的人员。②企业可以根据自身情况配置若干名行业分析师，赋予其可以全面详细了解企业经营活动各个环节的权力，要求他们定期访问企业各个关键岗位的员工，持续关注客户、竞争对手、合作伙伴的动态信息，以获取更为全面的信息。③企业应该对员工进行相关情报搜集和行业研究方法的技巧培训，并鼓励企业全体员工进行相关信息的搜集，从而为企业环境扫描提供支持。④由于环境具有高度复杂性的特征，因此为了提高环境扫描的效率，企业可以将面临的环境进行分解。将整个环境分为远期型和任务型，其中远期型环境可以包含政治、经济、社会、文化、技术等，而任务型环境则和企业的目标制定和目标完成密切相关，可以包括客户、竞争对手及合作伙伴等。

（二）注重保持合作关系的稳定性

在知识获取阶段，注重保持与联盟合作伙伴的长期合作，保持合作关系的

稳定性有助于企业快速获取所需要的知识。从企业长期发展来看，联盟内合作各方保持长期稳定的合作关系有利于企业能力的持续提升和收益增长。但是，维持长期稳定的合作关系需要各方的共同努力，如果只是参与合作的部分企业为了保持合作关系的稳定性而选择付出额外的努力，其他企业只考虑单次合作自身利益最大化，那么这种合作关系很难持久，各方下次依然需要花费人员、时间、财力等去寻找合作伙伴。保持长期稳定的合作关系不仅能提高合作效率，重要的是，合作双方更能够在长期合作过程中发现新的问题，促进企业的知识创新和能力提升，保障合作各方的共同利益。

　　建立长期稳定的合作关系需要参与各方做到以下四点。①在联盟的合作伙伴之间建立有效的沟通信任机制，促使成员企业之间相互尊重，以主动积极的态度进行合作。鼓励成员企业之间的沟通交流，以此来提高联盟合作伙伴之间的信任程度。②选择合适的联盟合作伙伴有利于保持联盟长期稳定的合作关系。企业应该综合考虑候选合作伙伴的规模、知识创新能力、合作积极性、知识开放度等因素，选择比较合适的合作伙伴。与创新能力强、合作积极性高、知识开放度相对较高的企业合作，成员企业可以从合作伙伴那里获取较多的知识或信息，知识转移的绩效相对较高。③不仅要评估潜在合作伙伴的预期贡献，还要考虑合作伙伴的知识共享能力、知识的互补性及可信任性等因素。④在联盟内建立规范的合作机制，建立协调与监管体系，制定基本的合作规章制度，以保护合作各方的合法权益。

（三）树立企业员工知识学习导向

　　在知识处理阶段，企业员工努力进行知识学习，企业创建良好的学习氛围和学习机制，都有助于企业对获取的知识进行高效处理。知识经济的不断发展使得知识成为促进企业发展的重要力量，因此，知识学习成为每个企业的必修课。企业的持续健康发展要求其必须面对外部动态变化的环境，及时准确地做出反应。但并不是所有的企业都能针对外部变化做出合理的决策，只有那些不断关注外部变化，并及时学习更新自身知识和能力的企业才能够敏锐地捕捉市场、政策等的变化对企业自身的挑战或威胁，从而快速做出相应的决策以应对外部环境的动态变化。

　　知识学习导向是企业为了促进员工知识学习而营造或建立的一种全员学习知识的氛围和趋势。企业树立员工的知识学习导向应该做到以下五点。①不仅鼓励组织成员在内部互相交流学习，而且需要及时获取和吸收外部知识。把外部知识与内部知识进行比较和融合，丢掉那些不合时宜的、阻碍企业发展的知识和解决问题的思维方式，同时也需要鼓励组织内外及组织内部之间的相互交流和学习。②为了增加知识学习的效果，采用多样化的知识学习形式。比如组织学习小组、小组成员在一个共同目标下进行开放式的互动学习，也可以采用学习竞赛或研发竞赛的形式，相互之间的学习竞争更有利于提升成员的学习效率。③针对学习过程中出现的无法解决的难题，定期组织专家进行专题讨论，专题讨论的同时也增加了专家和员工之间的沟通交流，充分挖掘了双方的经验性知识。④定期对员工进行培训，提高员工的业务能力和知识范围。企业高层领导的行为和态度对组织成员学习的积极性有很大影响，企业的高层领导要提高自身知识学习的热情和积极性，从而感染企业员工，促使他们知识学习积极性的提升。⑤注重企业文化的培育和传播，只有当企业成员认同本企业文化时，他们才会自发、自愿地参与到组织的知识学习和知识创新中来，这极大地提高了企业成员的学习积极性和主观能动性，能够更好地为企业发展做贡献。

（四）完善联盟企业创新投资机制

合理的创新投资机制是联盟企业创新成功的首要保障，创新投资不仅包括物质资本投资，同时也包含了人力资本投资。

人力资本投资能够在很大程度上影响企业的人力资本水平，进而影响企业的创新能力。就企业的人力资本投资而言，企业应当注重加强对全体员工的人力资本投资强度，使人力资本与物质资本有机结合，从而为企业更好地进行创新和企业动态能力的提升提供一定的物质基础和人员保障。企业人力资本投资比较有影响力的主要包括教育投资和"干中学"这两种模式。教育投资主要是对员工进行培训学习方面的投资；"干中学"是指企业员工在工作的过程中不断积累经验，从经验中获得知识，从而使企业知识总量增加、动态能力提升。

物质资本投资是企业进行创新和能力提升的必不可少的条件。首先，企业的物质资本投资应该具有战略性，投资的力度和投资的对象应该经过详细的分析，并按照投资项目对企业影响的大小进行排序，形成物质资本投资的先后顺序，从而增强物质资本投资对企业的贡献度。其次，企业的物质资本投资应该保持适当的强度，综合考虑项目投资对企业绩效的贡献程度，设置适当的物质资本投资强度。最后，企业的物质资本投资和人力资本投资要综合考虑。如果仅仅关注物质资本投资而忽视人力资本投资，或者只关注人力资本投资却轻视了物质资本投资，都不利于企业的健康发展。

（五）提高知识创新的成果转化率

在创新知识的应用方面，企业知识创新的成果转化率直接影响企业的收益增长和企业的长期稳定发展。知识创新成果转化是指对企业创新具有实用价值的知识进行的开发、应用、推广，以加快其形成新产品、新工艺等。

知识创新成果转化包括广义和狭义两种概念。广义的知识创新成果转化不仅包括知识创新成果的运用，还包括知识创新带来的员工素质的提高、工作效率的增加及由此带来的企业收益的增加等。狭义的知识创新成果转化是指将创新成果转化为能够带来企业收益增长的产品或服务，具体表现为创新成果的商品化、产业化、国际化三种形式。商品化是指企业将创新的知识出售给需要此类知识的组织，或者以技术许可的形式转让给其他组织，间接实现知识的价值增值。产业化是指将创新的知识运用到大规模的生产当中，以追求创新知识产生最大的效益。同时，产业化的过程是创新知识全面实现市场化的动态过程。国际化要求将创新知识在国际市场上大范围地用于生产、优化配置及各种资源的有效利用，寻求跨国发展。

提高知识创新的成果转化率需要注意以下四点。①注重创新型人才的培养和激励。知识创新的成果转化是一种知识密集型的创造性活动，主要依赖创新型人才所发挥的智力资本。企业需要强化对创新型人才的培育和引导，对创新型人才使用合理的激励机制，调动他们的工作积极性。②结合企业的战略目标，制订详尽的研发规划设计，为企业的研发活动提供一个总方向，以期最大限度地降低研发成本，促进研发成果的转化。③由于企业知识创新成果转化是一个比较复杂的经济行为，知识创新部门、知识受让部门、相关政府部门等必须协同配合。④政府在创新成果转化中发挥了不可忽视的作用。政府需要不断完善知识产权制度，运用法律、行政、规章制度等手段对知识创新成果转让活动进行适当调控。

二、联盟企业共性技术研发惯例的良性演化策略

联盟企业产业共性技术研发惯例的良性演化不只是促成"研发"策略的形成，"产业共性技术研发组织与基地建设研究"课题组（2017）指出产业共性技术研发还是投入多少、如何优化研发投入配置及采取怎样的组织模式的问题，合理的产业共性技术研发组织模式应该与共性技术的类型和特征相适应，以采取有针对性、有效率、有利于共性技术研发的组织方式。因此，根据产业内共性技术和产业间共性技术的不同类型特点，本书分别研究了研发惯例的良

性演化问题，探索了社区关联博弈机制和政府参与供给机制两种共性技术研发的供给模式，从网络结构优化视角研究了联盟企业共性技术研发惯例的良性演化策略。

（一）产业内共性技术研发策略

政府应通过多种途径引导企业参与产业内共性技术研发，最大化发挥市场机制的作用，增加产业内共性技术研发的有效供给。

1. 鼓励和引导建立紧密的企业联盟

产业内共性技术主要应用于单个产业内的企业，该产业内绝大多数企业对该共性技术有共同的需求，政府应鼓励和引导有共同需求的企业结成研发联盟，特别是龙头企业及有相关技术基础的企业，通过风险共担、成果共享、减少重复研发，促进市场机制主导下企业自主研发的研发模式形成。

2. 鼓励和引导建立产学研协同研发的研发模式

企业联盟在一定程度上克服了单个企业研发能力和研发风险承受能力较弱的弊端，但共性技术具有其特殊性，不同于偏应用研究的企业专有技术。产业共性技术涉及很多基础研究，而基础研究正是中国企业自主创新和原始创新研发环节上薄弱的一环。高校与科研机构可以弥补企业基础研究的不足，产学研协同研发可以实现企业与学研方优势互补。

3. 以政策支持为主、资金支持为辅，注重政府引导

同一产业内的企业对产业内共性技术有较强的共同技术需求，产业内共性技术研发是突破整个行业绝大多数企业技术与发展瓶颈的关键。政府应立足企业的共同需求，建立良好的产业内共性技术研发环境，通过税收优惠、政府购买等政策支持引导企业建立行业内的产业共性技术研发联盟，促进整个行业的技术升级。

（二）产业间共性技术研发策略

对于具有强研发外部性的产业间共性技术，建立政府与企业共同投资共性技术研发的供给模式。

1. 鼓励龙头企业和有研发基础的高科技中小企业参与

产业间共性技术相较产业内共性技术，技术复杂性更高，投资规模更大、周期更长，资金实力与研发实力一般的企业不适合承担产业间共性技术研发任务。龙头企业技术基础较好，资金实力较为雄厚，且自身具有技术研发、突破发展瓶颈的需求，具有产业间共性技术研发的客观与主观优势。此外，高科技中小企业也可以承担产业间共性技术研发任务，虽然高科技中小企业资金实力

一般，但是其研发能力不容忽视。应充分发挥符合条件企业的资金或技术优势，充分调动民间研发意愿、集中研发力量，弥补国家在一些共性技术研发上的供给缺位。

2. 中央政府和地方政府在产业共性技术研发投资中应扮演好不同角色

中央政府更注重产业共性技术 R&D 的长远社会效益，而"GDP 崇拜"下的地方政府相对更关注近期经济效益，中央政府的产业共性技术投资预算较地方政府更多。我国新常态下实施创新驱动的发展战略，经济发展方式正在逐步调整，地方政府在产业共性技术研发投资中的角色也面临转变。地方政府应提高共性技术投资预算规模，鼓励充分利用国家科技计划的项目成果，多开展面向地方产业发展需求的共性技术研发，促进科技计划的上下集成，以引导更多的企业参与到共性技术的研发及投资中。

3. 根据不同类型的企业特点，采取权变的研发投资策略

政府在产业共性技术研发项目立项和投资过程中，应根据不同企业类型选择不同的投资策略。中央政府遴选龙头企业承担共性技术研发项目时，应根据龙头企业的预研基础，在预研和研发阶段资金分配上采取不同的投资策略；资金实力一般的企业承担研发项目时，政府投资应向预研阶段倾斜，优先满足企业对预研资金的需求。地方政府遴选龙头企业承担共性技术研发项目时，政府应将投资向研发阶段倾斜，以提高投资效率；由于地方政府对产业共性技术研发项目资助力度有限，资金实力一般的企业承担研发项目很难实现项目的成功研发，因此地方政府应尽可能遴选资金、技术、人才等科技资源丰富的龙头企业共同投资产业共性技术。

4. 根据不同产业发展阶段，采取动态调整的支持力度与方式

政府在产业共性技术研发投资的供给中，应根据共性技术所处产业发展的不同阶段，适时调整功能定位，采取动态的支持方式和力度。中国目前的经济增长方式还需要由政府进行主导的供给形式。在产业发展初期，企业风险承受能力弱，企业在产业间共性技术的研发投资博弈中一般不会采取"先动"策略，需要政府以充足的资金支持方式为主，吸引企业资金进入。在产业发展成长期，企业实力逐渐增强，产业共性技术研发风险降低，政府可以结合资金支持和政策支持，减弱资金支持的比例，引导企业增加产业共性技术研发投资。在产业发展成熟期，企业研发实力和资金实力进一步增强，寻求进一步发展的研发需求愈加强烈，政府应尽量避免直接的资金支持，进一步弱化其产业间共性技术投资主体的角色，更加注重营造良好的政策环境，引导企业成为产业共性技术研发投资的主体。

5. 优化我国现阶段产业间共性技术的投资结构

政府对产业共性技术的投资需要进一步向预研投资倾斜，企业对产业共性技术的投资更加需要向研发投资倾斜。考虑到中国原有的"863"计划等共性技术国家科技计划对项目阶段投资的比例选择，不能充分实现企业经济效益、产业效益和社会效益的最大化，国务院于 2014 年发布了《关于深化中央财政科技计划（专项、基金等）管理改革的方案》，提出 2016 年前设立国家重点研发计划，对实施效果不好的"863"计划、国家科技支撑计划等科技专项计划或基金，通过撤、并、转等方式进行必要调整和优化，着力改变原有科技计划对科技预算的统筹安排，国家重点研发计划能有效解决政府投资产业共性技术的"越位"和"缺位"问题。

（三）降低企业共性技术的研发成本和采用灵活研发投资策略

（1）研发成本高和研发收益不确定性强是导致共性技术研发"市场失灵"，以及共性技术研发投资"死亡谷"效应的重要因素。尽管如此，企业仍然可以通过建立研发联盟等方式实现成本分摊、研发协同、风险共担和收益共享，降低产业共性技术研发的不确定性。共性技术研发属于应用前技术研究，主要解决的是降低后续应用研究的技术风险问题。因此，企业应重视共性技术研发后期的产品开发与市场开拓，重视共性技术研发成果产品化、商业化的能力，通过提高产品市场份额、保证利润创造水平，降低研发不确定性。

（2）有共性技术需求的企业在申报和投资产业共性技术研发项目时，应根据不同类型政府特点选择合理的投资策略。龙头企业在申报共性技术研发项目时，若企业难以保证充足的预研投资，应积极申报国家科技计划项目，因为地方政府的资助力度难以保证企业能成功完成研发任务；对于预研准备充分的龙头企业，中央和地方政府均能满足其成功研发的资金需求。资金实力一般的企业有申报共性技术研发项目需求时，尽可能争取国家科技计划资助，并将企业自有预算尽可能用于研发阶段投资，才有可能完成研发任务和取得技术突破。

（四）优化企业研发中心协同模式和组织结构

为促进联盟企业产业共性技术研发惯例的良性演化，除了从供给模式入手，建立社会资本关联博弈和政府参与投资的共性技术供给机制，还可以从研发模式入手，建立产学研协同研发模式。在协同研发模式下，鉴于产学研协同创新的网络化趋势，可通过优化产学研协同研发网络的结构，促进研发惯例的良性演化。考虑到协同研发中心在产学研共性技术研发中的核心地位，及其形成的网络耦合效应，可从优化协同研发中心的网络结构角度入手，促进共性技术研发组织结构的改善。

（1）增强产学研共性技术协同研发中心内、外部人员的联系，可以增强产学研共性技术协同研发网络的协同效果。提高协同研发中心的开放度，提高参与知识协同人员的知识共享意愿，例如让权威性强、影响力大的人进入协同研发中心，充当协同研发的核心引擎，提高知识转移效率。

（2）增强产学研共性技术协同研发中心内部人员之间的联系，也可以增强产学研协同研发网络的协同效果。协同中心内部人员间网络化的关系结构比直线型或金字塔型的关系结构更有利于协同能力的充分发挥。

（3）与增强产学研共性技术协同研发中心内、外部人员联系相比，增强内部人员之间的联系可更有效地增强产学研协同研发网络的耦合强度，进而促进共性技术协同研发与创新。出于对时间、资金等成本的考虑，企业与（或）学研方可通过增强协同研发中心内部人员间的联系（如企业和学研方共建的重点实验室、工程技术研究中心或技术开发中心等形式的协同研发中心），更有效地促进共性技术研发知识在整个网络中的共享与转移。

参 考 文 献

包凤耐，2017. 企业关系资本、网络能力对知识转移和创新绩效的影响研究［M］. 北京：
经济科学出版社.

蔡进兵，2014. 知识转移机制与企业边界的变化［M］. 北京：经济科学出版社.

曹科岩，李凯，龙君伟，2008. 组织政治认知、组织内信任与员工知识分享行为关系的实
证研究［J］. 软科学，22（8）.

陈耘，2012. 知识转移激励管理［M］. 武汉：武汉大学出版社.

方刚，2008. 基于资源观的企业网络能力与创新绩效关系研究［M］. 杭州：浙江大学出
版社.

方伶元，2008. 基于市场知识和营销能力的企业并购战略模式研究［J］. 时代经贸，6
（2）：169－170.

冯进路，2007. 企业联盟知识转移与技术创新［M］. 北京：经济管理出版社.

干春晖，刘祥生，2004. 企业并购：理论·实务·案例［M］. 上海：立信会计出版社.

干春晖，2004. 并购实务［M］. 北京：清华大学出版社.

关涛，胡峰，2007. 并购整合过程中的学习机制：以"故事"为载体的共同叙述过程［J］.
科学学与科学技术管理，28（11）.

关涛，2006. 跨国公司内部知识转移过程与影响因素的实证研究［M］. 上海：复旦大学出
版社.

郭东强，谭观音，蔡林峰，2016. 企业转型过程中的知识转移模型及其应用［M］. 北京：
社会科学文献出版社.

和金生，王雪利，2006. 母公司对子公司知识转移的影响因素研究［J］. 西安电子科技大
学学报（社会科学版）（2）.

胡玲，2015. 在华跨国企业知识转移的理论与实证研究［M］. 北京：对外经济贸易大学出
版社.

林敏，2018. 知识转移、创新链和创新政策研究［M］. 北京：经济科学出版社.

祁红梅，2007. 知识的吸收与创造［M］. 北京：中国经济出版社.

沈玉燕，2019. 模块化特征、知识转移与平台组织绩效研究以物流服务平台为例［M］. 北
京：中国轻工业出版社.

盛永祥，2018. 联盟企业知识转移、技术研发及产学研合作创新研究［M］. 镇江：江苏大
学出版社.

孙源，2016. 高技术集群企业知识网络的知识转移［M］. 北京：中国石化出版社.

蔚海燕，梁战平，卢萍，2016. 知识转移与资本化进程企业并购视角［M］. 北京：科学技术文献出版社.

吴维军，2019. 关系投入、知识整合能力与供应链联盟企业间知识转移关系研究［M］. 沈阳：辽宁大学出版社.

徐碧祥，2007. 员工信任对其知识整合与共享意愿的作用机制研究［D］. 杭州：浙江大学.

徐笑君，2011. 跨国公司内部知识转移和文化影响研究［M］. 上海：格致出版社.

易法敏，2006. 核心能力导向的企业知识转移与创新研究［M］. 北京：中国经济出版社.

于鹏，2011. 跨国公司内部的知识转移研究［M］. 北京：知识产权出版社.

余呈先，2013. 企业转型过程中的知识转移影响机制研究［M］. 合肥：中国科学技术大学出版社.

张晓燕，李元旭，2007. 论内在激励对隐性知识转移的优势作用［J］. 研究与发展管理（1）.

赵大丽，2017. 企业跨项目知识转移的影响因素［M］. 北京：知识产权出版社.

左美云，2004. 企业信息化主体间的六类知识转移［J］. 计算机系统应用（8）.

左美云，2006. 知识转移与企业信息化［M］. 北京：科学出版社.

图书在版编目（CIP）数据

企业内部知识转移理论与实践探究 / 李运河著. —
北京：中国农业出版社，2022.9
　ISBN 978-7-109-30111-5

　Ⅰ.①企…　Ⅱ.①李…　Ⅲ.①企业内部管理－知识管
理－技术转移－研究　Ⅳ.①F272.3

中国版本图书馆 CIP 数据核字（2022）第 183675 号

中国农业出版社出版

地址：北京市朝阳区麦子店街 18 号楼
邮编：100125
责任编辑：边　疆
版式设计：杨　婧　责任校对：吴丽婷
印刷：北京中兴印刷有限公司
版次：2022 年 9 月第 1 版
印次：2022 年 9 月北京第 1 次印刷
发行：新华书店北京发行所
开本：720mm×960mm　1/16
印张：12
字数：220 千字
定价：78.00 元
